JN426780

글쓰기 전략과 논술

글쓰기 전략과 논술

〈전략적 글쓰기와 논술〉 보정판

초판인쇄 2016년 4월 27일
초판발행 2016년 5월 1일

지 은 이 김광기
펴 낸 이 김광기
편집주간 박현솔
펴 낸 곳 도서출판 시
출판등록 1998. 8. 8. 제21-4-2호
주 소 경기도 수원시 장안구 정자동 297-4
경남프라임코아 305호
전 화 031) 253-2575

©김광기, 2016
ISBN 978-89-89265-75-7 13800

*잘못된 책은 구입하신 서점에서 교환해 드립니다.
*이 책의 저작권과 전송권은 저자와 출판사에 있습니다.
*이 도서의 국립중앙도서관 출판시도서목록(CIP)은 서지정보유통지원시스템 홈페이지(http://seoji.nl.go.kr)와 국가자료공동목록시스템(http://www.nl.go.kr/kolisnet)에서 이용하실 수 있습니다.

값 24,000원

글쓰기 전략과 논술

김광기 著

도서출판 에이제이

차례

제1장 무엇을 쓸 것인가

1. 명제 생각하기 15
2. 주제 생각하기 23
3. 소재 혹은 오브제 끌어들이기 33

제2장 어떻게 쓸 것인가

1. 스토리와 글의 체계 41
2. 기승전결 52
3. 개요 만들기 57
4. 개요문 쓰기 61

제3장 표현과 진술

1. 묘사적 글쓰기 71
2. 서사적 글쓰기 76
3. 설명의 종류와 적용 81
4. 논증의 조건 89

제4장 논리, 논술

1. 논술이란 무엇인가 99
2. 자아와 세계 113
3. 통합적 사고, 논리 119

제5장 전략과 실제

1. 원고지 쓰기 139
2. 어법 살펴보기 144
3. 문장 가꾸기 174
4. 단락 점검하기 185

제6장 퇴고하기

1. 퇴고의 절차 197
2. 토론으로 오류 찾기 200
3. 논술의 객관화 202
4. 오류의 발견과 수정 204

제7장 비논리의 논리

1. 아포리아 219
2. 상징 222
3. 은유와 환유 237
4. 아이러니 241

제8장 입시논술의 경향

1. 출제 경향과 전략 247
2. 입시논술 문장 연습 255

제1장 무엇을 쓸 것인가

1 명제 생각하기

글을 맨 처음 쓰려고 할 때 가장 먼저 생각하는 것은 '무엇을 쓸 것인가'이다. "무엇을 쓰지? 어떻게 쓰지?" 하는 의문이 생기게 되고 그것을 어떻게 풀어갈 것인가 고민하기 시작한다. 그리고 생각을 하나하나 풀어가면서 줄기를 세워 나간다. 여기에서부터 단계라는 것을 생각하게 되는데, 어느 정도 나름대로의 글을 쓰고자 하는 단계가 서고 대략적으로라도 몇 가지 범위에서 글을 정리해야겠다는 요량이 서게 되면 좀 더 구체적으로 글을 쓰고자하는 내용에 대해서 생각하기 시작한다. 이때에 무엇인가 쓰고 싶은 것, 자신이 쓰고자 하는 생각에 관한 큰 줄기를 이루는 것이 전체적인 글의 주제라고 할 수 있다. 그리고 그러한 주제에 대한 접근은 다시 구체적으로 하나하나 개별화된 주제인 명제의 성립을 통해서 이루어지게 된다.

명제는 가장 기본적인 단문 형식으로 이뤄지는 문장을 말하는데, 대체로 우리는 이러한 명제를 통해서 생각하거나 고리에 고리를 엮듯 생각하는 것을 연결시키며 발전시킨다. 또 가장 단조롭게 말해 명제(命題, proposition)는 쓰고자하는 글의 제목을 정하거나 그 제목을 말하기도 한다. 그리고 이때의 명제는 자신이 생각한 수많은 명제 중에서의 가장 핵심적인 명제라 할 수 있다. 여러 가지를 생각하면서 정리가 된 가장 대표적인 생각 하나인 것이다. 그렇기 때문에 이것은 단순하게 글의 가장 가벼운 시초가 될 수도 있고 가장 마지막에 결정된 결론적인 것일 수도 있다.

그리고 명제는 어떤 문제에 대한 하나의 논리적 판단 내용과 주장을 언어 또는 기호로 표시한 것을 말하며, 참과 거짓을 판단할 수 있는 '내용'이라는 특징을 갖고 있다.

이를테면, 'A는 B이다'의 형태로 '고래는 포유동물이다'라고 말하는 형태이다. 또 이렇게 설명되는 것이 논리학의 시작이기도 한데, 논리학(論理學, logic)은 인간의 지식활동에 관련된 특정한 종류의 원리들을 분석하고 명제화해서 이들을 체계화하는 분야의 학문이다.

따라서 논리학도 명제를 설정하는 데서부터 출발한다고 할 수 있다. 이러한 명제로부터 출발하는 사유의 법칙으로 알려진 것들에는 보통 세 가지가 있으며 이를 살펴봄으로써 논리의 기준과 파급 확장되는 범주에 대해 생각해 볼 수 있다.

거슬러 올라가서 고대 희랍 철학의 중심인 아리스토텔레스에 의해 확립된 논리학의 기본원리라 할 수 있는데, 그 중 첫째는 'A는 A이다'라고 하는 동일률(同一律)이다. 동일률은 '참인 명제는 참이다'라고 설명되는 것이다. 둘째는 모순율(矛盾律)로 '어떠한 명제도 동시에 참이면서 거짓일 수는 없다'라고 설명되는 것이다. 이러한 모순율은 금칙(禁則)의 의미로서 '모순이 있는 것을 주장해서는 안 된다'라는 의미로 사용되기도 한다. 그리고 셋째는 배중률(排中律)이라 할 수 있는데, 배중률은 '어떠한 명제도 참이거나 거짓일 뿐 그 중간치는 없다'라고 설명되는 것이다.

과거에는 이 세 가지 명제들이 논리의 법칙으로 불렸고, 이것은 영원하며 절대적인 것이라 믿었다. 하지만 절대적 논리란 있을 수 없다. 참도 거짓도 아닌 제 3의 영역을 인정하는 논리학인 다치논리학(多値論理學)의 체계는 배중률을 거부하고, 시제논리나 직관주의 논리는 'A는 A가 아닐 수도 있다'는 논리로 모순율을 수정하며 'A는 A이면서 A가 아니다'라는 양자논리는 동일률까지 다시 생각하게 하고 있다.

그러나 체계에 따라서는 이 명제들이 추리의 원리적인 역할을 하게 된다. 추리란 전제들과 결론의 관계이며 타당성은 이 관계에서 얻어지는 성질이다. 그리고 전제들과 결론으로 이루어진 명제들의 집합을 논의라 하므로 타당성은 논의의 성질이 된다. 타당이란 전제들이 참일 때 결론이 거짓일 수 없는 논의의 성질이다. 또한 타당이 있으면 부당도 있다. 여기에서의 부당이란 전제들이 참이라 할지라도 결론이 거짓일 수 있다는 논의이다.

이러한 추리의 기술 및 그 장치에 대해서는 아리스토텔레스가 삼단논법(三段論法)을 유형별로 논의한 데서 비롯되었고, 현대에 와서는 기호체계(記號體系)를 이루어 강력한 장치를 갖게 되었다. 이에 대해서는 명제논리학(현대논리학 중 기호논리학의 한 분야)과 기호논리학(현대논리학을 전통적 논리학과 구별할 때 자주 쓰이는 말이며, 수학적 논리학 또는 수리논리학)을 참조할 수 있다.

어떠한 사물 혹은 사건을 접했을 때 우리는 그 대상이나 사건

안에서 어떠한 연상을 하기 시작한다. 이때 사물을 대상으로 했을 때는 곧바로 어떤 이미지가 형성되지만 어떤 사건을 대상으로 했을 때는 그 사건을 하나로 응축시켜 또 다른 이미지 혹은 서사를 생성시키는 시간이 필요하다. 그리고 이미지화 되는 과정을 통한 것과 서사화 되는 것들의 결과물은 서로 다르지만 그것은 자신이 평소에 생각하고 있던 강렬한 요소들 중의 하나일 것이다.

그리고 이렇게 생성된 요소를 우리는 사유한다. '이것은 무엇이고, 저것은 무엇인가' '무엇이 옳은 것이고, 무엇이 그른 것인가'를 생각하게 되며 이렇게 출발하는 사유를 구조화하기에 이른다. 다시 말해 어떤 사물을 보거나 어떤 사건을 접했을 때 우리가 가장 먼저 생각하는 것은 어쩌면 순식간에 생긴 이미지에 관한 명제, 즉 현상을 보고 즉각적으로 떠올린 서사적 명제라 할 수 있는 것이다.

이때부터 명제 속으로의 몰입은 시작되며 가설을 만들며 생각의 진화가 이루어진다. 이때의 가설(假說, hypothesis)은 일련의 현상(現象)을 설명하기 위하여 어떤 학설을 논리적으로 구성하는 명제(命題)를 말하며, 기지(旣知)의 경험적 진리나 개념에 의하여 새로운 명제나 개념을 산출해 내는 것이므로 가설의 제기는 가장 창조적인 영위로 볼 수 있다.

덧붙이자면 명제를 사실명제, 가치명제, 정책명제로 구분하여 생각해 볼 수가 있다.

사실명제는 사실을 토대로 옳고 그름을 판단하는 명제로서 '삼각형 내각의 합은 180도이다'와 같은 사실적인 내용을 중심으로 한 명제를 말한다.

가치명제는 대상이 지닌 가치를 판단하는 명제로서 '김소월은 매우 훌륭한 시인이다'라는 '매우 훌륭한'이라는 말과 같은 가치 평가가 있는 명제이다.

정책명제는 당위명제라고도 하는데, 마땅히 그렇게 되어야 한다는 당위적 차원에서 판단할 수 있는 명제로서 '쓰레기는 분리 수거해야 한다'와 같이 사용되는 명제를 말한다. 이러한 명제는 정책을 결정하는 데 많이 쓰이기 때문에 정책명제라 한다.

이 세 가지의 내용에 관한 것은 이 책의 '표현과 진술'의 논증 부분에서 좀 더 자세하게 다루기로 한다.

*탐구과제

1. 다음 내용을 읽고 '명제'에 대해서 생각해보자.

한 해가 다시 오는 시기이다. 이 시기만 되면 깊이 생각게 하는 사자성어 몇 개가 있다. 그것은 근하신년(謹賀新年)의 이면에 있는 송구영신(送舊迎新)과 온고지신(溫故知新)이다. 옛것을 보내고 새것을 맞이하자는 이 말뜻에는 '보내는 옛것'과 '새로 맞이하는 새것'이 서로 분리되는 것이 아니라 서로가 서로를 싸안고 있는 의미가 있다. 옛것과 새것이 어떤 기준으로 단절 혹은 전환되는 것이 아니라 방향성 없이 오고 가는 흐름이 있다는 것이다. 어찌 오늘이 간다고 어제가 잊히고 내일의 의미 속에 오늘의 의미가 희석되기만 할 것인가.

사람의 일은 어느 시기나 어떤 시점에서도 단절되는 의미가 아니라 상호 소통된다는 데 의미가 있다. 그렇게 사람과 사람, 시간과 시간이 연결되는 요즘의 의미망 속에서 '다른 사람을 배려하는 마음'을 한번 쯤 다시 생각해 보는 것도 좋을 듯하다. 또 누가 누구를 배려한다고 하면 우리는 여유가 있는 사람이 형편이 어려운 사람을, 윗사람이 아랫사람을, 도량이 넓은 사람이 도량이 좀 좁은 사람을 배려해야 한다고 생각한다. 하지만 꼭 그런 것만은 아닌 듯싶다.

저녁밥을 먹으며 국그릇에 있는 통 멸치 몇 마리를 건져내다가 멸치의 의미에 대해 잠시 생각한 일이 있었다. 국물을 우려내고 아무런 맛도 없을 것 같은 멸치, 제 몸을 온전하게 유지하고는 있지만 토막이라는 말로 불려도 괜찮을 만한 멸치, 멸치 몇 개를 건져내놓고 보니 국물에서 이미 멸치의 존재의미는 없어지고 말았다. 하물며 산산이 부서진 고춧가루도 작은 알갱이로나마 제 모습을 드러내고 있는데, 국물만 남긴 멸치의 모습은 자취도 없이 사라지게 된 것이다. 멸치가 들어가야 국 맛이 나는 음식에서 멸치가 없이 우리는 그 음식을 맛있게 먹을 수가 없다. 그렇다고 멸치가 제 몸을 우리고 간 음식을 우리는 멸칫국이라고도 하지 않는다. 사실 그날 내가 먹은 국도 김칫국이었다.

여러 가지 명칭으로 불렸던 '멸치'의 이름은 '멸어(蔑魚)'라는 명칭을 오늘날까지 이은 듯하다. '멸(滅)하다' '업신여기다'라는 주요 의미를 가진 '멸'과 왠지 어릴 것만 같은 외양을 어림잡은 '치(稚)'의 의미가 합성된 말이 아닌가 싶다. 버젓하게 생선이란 그룹에도 끼지 못하는 아주 하찮은 의미로 붙여진 이름이다. 또 '멸'하고서야 비로소 그 의미가 있는 생선이라는 뜻에서 붙여진 이름으로 추정된다.

이러한 멸치가 생색도 나지 않게 국물 맛을 주는 것을 '배려'라는 의미와 상통시킨다면 지나친 억지가 될까? 적어도 그렇지는 않으리라 본다. 남을 도와주거나 배려해준다고 하면 생색부터 내고 싶은 게 우리네 마음이다. 하지만 이런 마음은 상대를 진정으로 배려해주는 마음이 아니라고 생각하는 것이다. 자신이 무슨 일을 했는지조차 알지 못하고 사라지는 멸치의 존재처럼 자의로 그런 성심을 가져보자는 것이다.

우리가 자신을 멸하면서까지 다른 사람들을 위해 살자는 것은 아니다. 물론 이생에서 모든 것을 다 주고 자신의 생이 다하고 나면 자신의 몸뚱이조차 가루로 내서 치어들의 먹이까지 되고자하는 그런 삶도 있다. 그런 숭고한 삶을 본받을 수 있다면 더 이상의 어떤 말이 필요하겠는가. 다만 너무나 힘들고 어려운 시국에 내가 무슨 정신으로 남을 도울 수 있을까, 남을 배려할 수 있을까 하며 여유까지 잃지 말자는 것이다.

어찌 보면 형편이 어려운 사람이 더 어려운 사람을 많이 돕고 있는 실정이기도 하다. 쓰고 남아서 남을 돕는 사람은 이 세상에 아무도 없을 것이다. 또 어떤 면에서는 부족한 사람이 풍요로운 사람을 도울 수도 있다. 풍요로운 삶을 산다고 해서 그 사람의 삶이 행복한 것은 아니며 반대로 부족한 삶을 살고 있다고 해서 그 사람의 삶이 불행한 것도 아니다. 인간의 욕망이나 욕구는 다양하게 분출된다고 할 수 있다. 모든 것을 다 갖추고 이 세상을 살 수는 없다. 누구든 부족한 것은 있게 마련이며 누구든 다른 사람의 이러한 부족한 면을 채워줄 수 있는 것이다.

이 세상에서 나보다 더 불행한 사람이 어디에 있을까라고 자책하기보다는 나는 다른 사람들에게 무엇을 줄 수 있을까라고 생각하며 산다면 최소한 우리는 스스로 불행에 빠지는 일은 없을 것이다. 수업시간에 어느 학생이 당시에 자살한 어떤 사람에게 묻고 싶었다는 말이 생각난다. '죽을 정도로 힘들어 죽고 싶다는 생각이 들 때, 어차피 죽을 몸, 다른 사람의 손이 절실하게 필요한 곳에서 얼마간이라도 봉사할 생각은 없었는가?' 라는 것이었다. 그렇게 손이 필요한 사회복지시설 같은 곳에서 몇 년 아니 몇 달만이라도 봉사를 해보았다면 그 사람은 그렇게 허무하게 죽는 방법을 택할 수 있었을까.

누구나 힘든 시기라고 한다. 나보다 더 힘든 사람은 없을까하는 마음으로 주위를 돌아보며 사는 것은 어떨까. 다른 사람을 배려하고 돕는 일은 그 다음에 해야 할 일이다.

–「남을 배려하는 마음, 멸치의 의미」/ 김광기

2. 위의 글을 읽고 몇 가지의 명제를 떠올릴 수 있는가.

3. 위의 글은 어떤 명제를 중심으로 글을 쓴 것인가. 또는 보조명제는 무엇인가.

2 주제 생각하기

명제를 생각하면서 글의 대략적인 방향과 제목은 어느 정도 결정되었다고 할 수 있다. 글의 제목을 정한다는 것이 어떻게 보면 단순한 것 같기도 하지만 실은 글의 제목만큼 더 중요한 것도 없다. 제목을 보면 그 글의 내용이나 의도성을 어느 정도 간파할 수 있기 때문이다.

하지만 글을 쓰는 입장에서 자신이 쓴 글을 제목만으로 그렇게 쉽게 간파당할 수는 없다. 제목을 보고 글의 내용을 다 알게 되고 실제로 읽어보니 짐작했던 대로이고 더 이상의 의미를 찾아보기 어렵다는 것은 자신이 쓴 글이 그만큼 참신하지 않고 재미없게 읽혔다는 뜻이다.

그렇다고 해서 글의 의도와 지나치게 동떨어진 제목을 단다는 것은 글의 맥과는 무관하여 격(格)을 흩트릴 수 있는 여지를 남기게 되니 조심하지 않을 수 없다. 그렇기 때문에 여러 가지 측면에서 살펴봐도 무난하지만 참신한 제목을 생각지 않을 수 없는 것이다.

제목을 정했다면 이미 '주제'는 정해진 것이나 다름없다. 하지만 제목을 정하고 나서부터 주제에 대해 깊숙이 생각해보지 않으면 안 된다. 주제(主題, theme)는 작품의 중심이 되는 사상이나 그 내용으로 테마라고도 한다. 아리스토텔레스는 '로고스'라는 말로 표현하였고, 사상이나 의미의 직접적인 대상을 가리킨다.

더 나아가 로고스(logos)를 좀 더 살펴보면 사물의 존재를 한정하는 보편적인 법칙, 행위가 따라야 할 준칙, 이 법칙과 준칙을 인식하고 이를 따르는 분별과 이성(理性)을 뜻하는 말이라는 것을 알게 된다. 파토스(pathos : 어떤 사물의 변화 상태를 의미하는데, 특히 인간 마음의 상태를 의미한다. 수동성·가변성이 내포되며 그 때그때 내외의 상황에 따라 인간 마음의 기분, 정서를 총괄)와 대립되는 개념으로 그리스어로 '말하다'를 뜻하는 동사 'legein'의 명사형이며 '말한 것'을 뜻한다.

'말한 것(logos)'은 먼저 '말' '글' '이야기' '연설' 등이라 할 수 있다. 그것은 나아가 사물의 '설명' '이유' '근거'를 뜻하게 되었으며, 사물의 정의(定義), 논증(論證)을 뜻하기도 한다. 그리스인은 로고스를 이런 뜻으로 추구하여 논증과학(論證科學)과 철학(哲學)을 탄생시켰다. 이러한 로고스는 정의(定義)에 의하여 파악되는 사물의 '본질존재(本質存在)'이다. 사물의 '성립(자연, 본성)'을 규정하고, 각 사물을 각각 고유하고 일정한 것이 되게 하는 본질구조를 갖는다. 또한, 로고스는 말을 하고 사물의 또는 존재의 '무엇인가'를 파악하는 인간의 '분별'과 '이성'을 뜻한다. 고대철학에서 인간은 말을 함으로 '로고스를 가진 동물(이성적 동물)'이라고 정의하였다.

한마디로 주제는 로고스적(的)이다. 사물이나 존재의 '설명' '이유' '근거'를 밝히며, 사물 또는 존재의 '무엇인가'를 파악하려는 것이 주제에 관한 생각이라 할 수 있다. 이때 말하는 주제의 상태는 표층적이며 상징적이다. 그렇기 때문에 내부로 깊숙이 스며드는 생각들을 정리하며 우리는 글을 쓰기 시작한다. 또한 그렇게 주제에 관한 글(주제문)을 적으며 우리는 우리가 생각하는 것을 바탕으로 '이야기'라는 집을 짓기 시작한다.

1) 주제 설정

글쓰기의 첫 번째 과제는 주제 설정이다. 글을 쓰고자 할 때 어떤 대상이나 사건을 떠올리며 새롭게 연상되는 수많은 생각들을 하게 된다. 그리고 그것들을 하나하나 묶어 논리적이고 합리적인 하나의 자기주장을 만든다. 이때의 자기주장이 담긴 하나의 글을 주제문이라 할 수 있으며 자기주장이 담긴 요지가 바로 자신이 쓰고자하는 글의 중심 주제라 할 수 있다.

수필이나 감상문은 인상적인 내용을 중심으로 글을 쓰지만 칼럼이나 시론(時論) 등의 주제 안에는 반드시 자기주장이 담겨 있어야 한다. 이런 글들을 논술의 유형으로 분류할 수도 있는데, 이러한 측면의 글들에서 먼저 제목부터 정하는 것을 생각해 볼 수 있다.

적절하게 핵심적인 내용을 제목으로 설정하기도 하지만 가령 어떤 글을 제시해 놓고 자신의 의견을 말하라는 과제가 부여되었을 때는 상황이 달라진다.

제시된 글의 제목으로 자신의 글 제목으로 삼아서도 안 되며,

자신의 주장이 없이 글을 병합하거나 다른 방식으로 재구성해 놓아서도 안 된다. 글을 쓰는 이는 제시된 글을 바탕으로 자신만의 생각을 키워 개성적이고 참신한 주장을 펴야 하는 것이다. 다시 말해 제목을 정하고 자신만의 주장으로 독창적인 글의 주제를 만들어야 한다는 것이다.

예를 들어 '5·18 광주민주화운동'에 대해서 글을 쓴다고 하자. 이때 제목을 제시된 제목으로 삼거나 광주민주화운동의 상황과 역사적 의의만 나열해서는 참신한 글이라고 할 수는 없다. 자신만의 안목으로 광주민주화운동을 바라보는 시각을 갖고 그에 따르는 자기주장이 담긴 제목과 주제를 설정해서 자신만의 글을 써내려가야 한다.

2) 정보파악과 정보 문식력

주제를 정해놓고 글을 쓰기 위해서는 그 주제를 뒷받침할 배경지식이 필요하다. 가령 '5·18 광주민주화운동'에 대해서 글을 쓴다고 하면 광주민주화운동의 발생 시기에 있었던 여러 가지 정치적, 군사적, 사회적인 사건들에 관한 배경지식이 필요할 것이다. 또한 '5·18 광주민주화운동'의 직접적 혹은 간접적인 발생요인으로 작용하고 있는 여러 사건의 정황 혹은 시대정보가 필요하기도 하다.

이러한 배경지식을 보충하려할 때 책보다 더 좋은 것은 없다.

하지만 책을 통해서 단기간에 배경지식을 보충하여 원하는 것을 모두 얻는다는 것은 매우 어려운 일이 아닐 수 없다. 그렇기 때문에 요즘은 인터넷 정보나 문서, 서적 등을 많이 활용하고 있는 추세이다. 인터넷으로 빠르게 검색하고 자신이 필요한 정보를 부분적으로 그때그때 취하고 있다. 또 요즘 많이 사용하고 있는 인터넷 사이트는 World Wide Web의 대표적인 포털 검색사이트인 네이버, 다음, 구글 등과 국립중앙도서관, 국회도서관, 한국교육학술정보원에서 제공하는 학술연구 정보서비스 등이다. 이곳에서 사전적 정보나 서적, 논문자료들을 신속하게 찾거나 원문 참고를 해서 활용할 수 있다.

이때 필요한 것이 정보 문식력이다. 정보 문식력은 정보를 수집하고 타당하게 평가하여 적절한 맥락에서 활용하고, 수집한 정보의 연관성과 질에 관한 비판적 의견을 형성할 수 있는 능력을 말한다. 이러한 능력으로 글의 짜임을 살피며 자신의 주제에 따른 정보를 새롭게 구성하는 것이 필요하다.

*탐구과제

1. 다음 글을 읽고 주제를 대해 생각해 보자.

시간이 멈춘다는 것은 인간의 모든 욕망과 열정이 어느 한 순간에 끝나게 되고 그런 상태로 시간 정지가 잠시 지속된다면 인간의 모든 생은 그대로 정지된 채 영원히 닫히게 되는 것을 의미한다. 반대로 시간이 흐르면서 인간의 삶은 지속되고 그 안에서 잉태된 욕망은 열정적으로 더욱 풍요롭게 또는 더욱 의미 있게 삶을 완성시키고자 한다. 그리고 그것은 시간이 지날수록 더욱 증대되어 '욕망이라는 이름의 전차'로 눈덩이 커지듯이 미래를 향해 나아가게 될 것이다.

요즘의 나는 욕망도 없고 더욱이 열정은 느끼기 어려운 상태로 욕망이라는 것은 젊은 날의 초상 정도로만 머물러 있을 줄로 알았는데, 시간이 흐른다는 것을 감지하게 될 때 어느 곳에 숨어 있는 지도 몰랐던 것들이 꿈틀꿈틀 기어 나와 평소 내가 꿈꿔왔던 이상향의 세계를 짓누르는 중량감을 느끼게 한다. 역시 나는 이성적인 의식보다는 본능적인 의식이 강한 존재인가를 생각하며 뒤돌아보다가 문득 열망의 극한을 표의하는 것처럼 보이는 '태양을 향해 쏴라'라는 한 구절의 아포리즘을 떠올리게 된다.

'태양을 향해 쏴라'라는 말은 '내일을 향해 쏴라'라는 영화를 연상시키면서 욕망을 분출시키는 말의 상징어처럼 받아들이게 된다. 청소년기에 보았던 영화 '내일을 향해 쏴라'는 멋진 주연배우의 이미지나 그 장면들이 아직도 생생하게 뇌리에 남아있는 듯하다. 영화의 주연을 맡았던 폴 뉴먼과 로버트 레드포드는 당시 멋진 남자의 표상이었기에 그들의 일거수일투족은 선망의 대상이 될 수밖에 없었다. 또 그런 그들이 출연하는 갱스터들의 모험담이 멋지게 다가오는 것은 당연한 일이었다.

영화 내용 또한 인간의 욕망에 대한 강한 메시지를 담고 있어 당시 청소년들을 매료시키기에 부족함이 없었다. 갱스터들이기는 하지만 낙천적이고 낭만적인 폴 뉴먼의 배역인 부치 캐시디와 레드포드가 열연한 선댄스 키드의 매력은 인간성 이외의 또 다른 의미를 제시해 주는 듯도 했다. 원제는 'Butch Cassidy & Sundanced Kid'였다 하는데, 폴 뉴먼의 역할이었던 부치 캐시디보다는 로버트 레드포드의 역할이었던 선댄스 키드의 이미지에 의미가 더 있는 것도 같았다.

아메리카 인디언이 하지에 추는 춤이라는 의미를 가진 선댄스(Sundanced)가 '내일을 향해 쏴라'라는 영화 표제를 '태양을 향해 쏘라'라는 의미로 전환시키게 하는 요인이 아니었을까 하는 생각을 갖게 한다. 또 실화라고 전해지는 두 사람의 모험담은 불행한 결말을 보게 되는데, 물질적 욕망을 좇으며 희망도 없이 낭만적으로만 살았던 갱스터 시절에는 문제가 없던 그들의 삶이 이성적인 인식으로 희망을 갖고 내일을 향해 발을 내딛었을 때 그들의 삶이 마감되는 것은 아이러니한 일이었다. 삶이 어쩌면 그와 같은 이치에 의해 진행되는 것은 아닌가 하는 생각을 갖게도 한다.

요즘의 시대에는 부동산 경기가 연일 들썩이고 문명의 대가를 지불하는 것 같은 물가는 연일 폭등하며 이에 상반된 사람들의 물질적 욕망은 끝도 없이 커져만 가고 있다. 문명의 형상은 더욱 번쩍거리고 문화 콘텐츠는 더욱 더 다양해지고 있지만 예나 지금이나 인간의 욕망은 조금도 달라진 게 없는 것 같다. '내일을 향해 쏴라'라는 의미에 맞게 여전히 우리의 욕망은 끝없이 분출되고 있다. 그것도 수평적 의미의 내일을 향해서가 아닌 태양을 겨냥해 쏘는 수직적 욕망 상승으로 변형 분출되고 있다.

그리고 그러한 대부분의 욕망은 물질적 범주 내에서 작용하고 있다고 보아야 할 것이다. 때문에 정신적인 측면이 소외되고 경시되는 것 같은 풍조이다. 그런데도 아이러니하게 대부분의 사람이 물질보다는 정신적인 측면이 더 중요하다고 말하고 그것은 물질보다도 더 존중되어야 한다고 말한다. 물질을 추구하고 있으면서도 정신적인 측면의 중요성을 강조하는 이런 이상한 논리는 아마도 눈에 보이지는 않지만 누군가는 지켜내야 다수가 존재하는 우리의 집단이 함께 존중받는 결과가 되기 때문일 것이다. 다시 말해서 개인의 행복은 물질적으로 추구해서 독점적 영역을 만들어 놓고 다수의 우리에게 없어서는 안 될 인간존중의 과업은 말없이 희생해서 쌓아놓는 다른 사람들의 몫으로 삼자는 것이다. 하지만 '우리'라는 입장에서 너와 나는 따로 있지 않고 루소의 말을 좇지 않더라도 물질과 정신은 따로 있지 않음을 생각해 본다.

물질은 물질대로 그 본위를 존중받아야 하고 정신은 정신대로 그 본위를 존중받아서 결과적으로 인간의 본성을 아름답게 하고 인간성을 회복하는 이원론적인 입장을 다시 생각해 보는 시기가 아닌가 하는 것이다. 요즘 들어서 도가사상의 중심을 이루는 노장사상을 많이 생각하게 된다. 도가사상은 천지, 천연과 같이 언제나 도가 하늘과 맞물려 있으며, 이것은 색즉시공공즉시색과 같이 표현되는 일원론으로 천지합일 사상의 동양적 일원론을 나타낸다.

노자는 '도덕경'에서 우주 간에 존재하는 일종의 이법을 도(道)라 하며, 무위의 치, 무위의 처세훈을 말했는데, 무위(無爲)는 불위(不爲)가 아니며 물세의 자연스런 흐름에 준거하여 실천하는 개념이다. 도덕적인 의미인 노장의 무(無)는 불교의 공(空)과 깊은 연관이 있으며 천지가 합일되는 원리라 할 수 있다. 도가사상을 바탕으로 천지간 또는 천지간의 모든 물질이 서로 조응하는 미학을 구현하는 것에 관심을 가지며 나아가서는 물질과 정신이 따로 있지 않다는 것을 되새겨보는 것이다.

자연적인 것과 자연성의 의미는 나와 너 물질과 정신 등 따로 구분되어 인식해야할 것들이 함께 공존해 있을 때 진정한 의미성이 강화된다고 할 수 있다. 어찌 보면 현실적인 측면에서 극과 극으로 보이는 것이 따로 있지 않고 서로 맞닿아 있는 것이 더욱 더 조화롭고 완성된 아름다움이 있지 않을까 하는 것이다. 나름 이러한 생각에 천착되어 현실적인 측면인 물리적인 의미를 멀리하며 현실적인 패배의식에 젖는 것은 아닌가 하는 생각을 해보기도 한다.

그러나 인간성으로 귀결되는 모든 물질과 정신 그리고 문명과 문화 속에는 인간의 존엄의식이 있어야 하며 사회의 모든 현상 속에서 인간성, 인간의 본위가 무시되어서는 안 된다는 생각이기 때문에 어떠한 물질이나 현상 속에서도 인간이 배제되면 아무런 의미가 없다는 생각을 멀리할 수 없다. 다시 말해 인간 중심의 사회, 인간 중심의 의식형성이 이뤄져야 한다는 것이다. 그리고 물질과 정신으로 대별되는 포지션과 역할이 시대적인 상황에서 다소 달라질 수 있다면 나 자신만큼은 어떠한 물리적 희생이 따르더라도 정신적 측면의 의식을 배양하는 역할을 꾸준히 해 나가야할 것이라는 생각을 해 본다.

또한 자연과 문명의 결합이 그리 어려운 과제라고 생각지 않는다. '자연으로 돌아가자'라는 루소의 말은 모든 문명적 요소를 벗어버리고 본래의 자연적인 위치로 돌아가자는 것은 아닐 것이다. 전술했다시피 루소는 물질과 정신을 함께 존재하는 원리로 보았기 때문에 두 가지를 적절히 조화시키는 노력이 필요하다고 생각했으며 18세기에서도 대두되는 물질의 중요성이 정신을 황폐화하는 요소를 염려하는 발상에서 비롯된 것이 아닌가 한다. 물질문명이 갈수록 중요시되는 시점에서 정신문화를 더욱 더 증대시켜 물질과 정신의 적절한 결합을 이루는 것이 지금 이 시점에서의 자연성 회복이 아닌가 하는 것이다.

시간의식은 철학의 기본적인 바탕을 이룰 정도로 인간의 이성적 인식을 다지는 중요한 요소로 작용하고 있다. 하지만 가끔은 시간의식 없이 시간을 느끼고 관조하며 세월을 보낼 때가 있다. 이런 삶의 형태야말로 시간의식을 통해 정신적인 측면을 고양하기는커녕 자신도 모르는 사이 물질적인 측면의 공세에 밀려 시대의 바람에 휩쓸려가는 상태라고 할 수 있다. 철저한 의지로 자신의 욕망을 살리되 포괄적인 '미래'도 아니고, 수직적 욕망 분출의 '태양을 향해 쏘는 것'도 아닌 구체적이고 섬세하게 '시간'을 겨냥해서 쏘고 달리는 욕망을 가졌으면 한다.

그런 욕망의 궤도를 오래오래 강하게 남김으로써 정신적인 결함이 없는 물리적 행복의 세상을 여는 후대의 선명한 길이 되었으면 하는 바람이다.

-「시간을 낚는 욕망의 궤도」/ 김광기

2. '5·18 광주민주화운동'에 대해서 글을 쓰고자 한다. 제목을 설정해 보고, 다양한 관점을 논의해 보자.

3. 인터넷의 등장과 함께 정보는 거의 무제한적으로 개방되어 있다. 이러한 상황에서 인터넷을 어느 정도까지 활용하고 적용해도 되는 것인지 토론해 보자.

3 소재 혹은 오브제 끌어들이기

소재(素材, matter)는 작품을 제작할 때의 원료가 되는 일체의 자연적, 외적 소여(所與)인 있는 그대로의 주어진 재료를 말한다. 소재는 예술작품의 내용과 대치되는 것이 보통이지만, 한편으로는 내용을 담는 것으로서 모양 지어진 소재라는 경우처럼 형식과 대치되는 경우도 있다.

이것은 표현수단으로서의 소재, 이를테면 대리석이나 그림물감 등과 표현 대상으로서의 소재, 모방예술에서의 인물이나 풍경 등으로 대별할 수 있다. 문학 작품에서는 바탕이 되는 재료인 환경, 사람들의 생활, 행동, 감정 따위가 모두 소재가 될 수 있다.

좋은 집을 짓기 위해서 좋은 소재가 필요하다는 것은 다시 말할 필요가 없을 것이다. 좋은 글을 쓰기 위해서 좋은 소재를 마련하는 것도 마찬가지이다. 글을 구성하는 기본 축은 논리일 테지만 논리라는 축을 잇고 장식하는 것은 그 글의 소재라 할 수 있다.

또 어떤 소재를 사용하느냐에 따라 그 글의 맛깔스러움과 멋스러움이 더해진다고 할 수 있다. 물론 적절한 소재를 통해 글의 소통이 자연스러워지기도 한다.

글을 쓰는 데 있어서 오브제를 말한다는 것이 어쩌면 생뚱맞아 보일지도 모른다. 하지만 오브제를 이해하면서 오브제관(觀)을 갖고 글을 쓴다면 감각적이고 독창적인 미의식을 갖춘 나만의 표현 구조를 만들 수 있을 것이다.

이러한 오브제(objet)는 물체 또는 객체를 뜻하는 말로 미술에서는 일반적으로 '주제'와 대조적으로 사용된다. 현대회화, 특히 세잔 이후 큐비즘(입체파) 등에서는 주제성을 배제하고 물체를 중히 여겼다. 그러나 오브제라는 말이 특수한 용어가 된 것은 오브제가 다다이즘과 초현실주의에 나타난 이후부터이다.

초현실주의에서는 자연물과 수학적인 모형, 미개인의 숭배물 등의 물체를 비합리적이고 초(超)의식적인 인식의 대응물로 취급하였다. 이렇게 미술에서의 오브제관(觀)은 흥미 있는 미적 인식 문제를 투입하고 있으나, 오브제는 예술의 재료, 형식, 기능을 확대하기 위한 외부의 세계를 정복하는 수단이 되었다.

또한 오브제는 표현방식을 갖는 각각의 분야에서 다양한 의미를 전달하는 객체로 활용된다. 특히 문학작품 안에서는 감정을 전달하는 상징적인 도구로 적극 활용되고 있다. 미술에서의 큐비즘에서는 주제성을 배제하고 물체를 중시하였다고 하나 그 역시 주제를 강화하는 수단으로 활용할 수 있을 것이다.

궁극적으로 글을 쓰는 데 있어서의 오브제는 소재와 같이 주제를 전달하는 도구로 활용되며, 표현구조를 확대 심화할 수 있는 것이다. 그리고 주제를 담지 않고 담담하고 담백하게 오브제만 비추면서 정서적 환기나 정서적 표현의 편안함을 줄 수 있다.

*탐구과제

1. 다음 글을 읽고 어떠한 소재들을 쓰며 글을 구성했는지 파악해 보자.

요즘에는 지하철이나 공공장소에서 대부분의 사람들이 스마트폰을 들여다보고 있다. 예전에는 사람들이 재떨이 옆에 옹기종기 모여 담배를 피우거나 주위에 있는 사람들과 대화를 하는 모습들을 많이 보곤 했는데, 이젠 어디서도 담배를 피우는 것은 마치 범죄처럼 인식되어 보기 힘든 풍경이 되었고 또 누군가에게 말을 걸면 우선 경계부터 하는 상황이 되어 버렸다.

어떤 사람들은 길을 걸으면서도 스마트폰을 들여다보고 있다. 무엇을 하고 있는지, 도대체 어떤 기능을 사용하고 있는 것인지 하는 생각을 해 보다가 사적인 자리에서 친한 사람들에게 그런 상황에 대해 묻곤 했다. 기껏해야 나는 스마트폰으로 전화를 걸거나 문자를 하는 정도이고, 사이버 세상은 지난날의 컴퓨터 온라인 통신을 이해하며 그것과 경계를 짓는 오프라인을 생각하고 있는 정도였다.

그런데 사람들에게 듣는 모바일의 세상은 마치 만화경을 들여다보고 있는 것 같다는 생각이 들게 하였다. 책을 읽는 것에서부터 각종 게임, 영화 감상, SNS, 카톡이라고 부르는 개인 통신에 이르기까지 그 내용들은 무궁무진하였다. 거기에 각종 어플(어플리케이션)들이 새로운 세상을 열어주는 매개체가 되고 있는 현실이었다.

한 마디로 사람들은 오프라인이라고 하는 기존의 커뮤니케이션에는 별 관심이 없고 온라인 아니 이제는 모바일이라고 하는 사이버 세상이 그들의 세상이 되어 있는 것이다. 그렇다보니 그들의 이성과 감성은 모바일 사이버라는 그쪽 세상에 맞춰져 있기도 했다. 오프라인이라고 하는 이쪽에서 보면 마치 그들이 우리의 현실과는 단절된 것 같이 보이기도 했다.

하지만 곰곰이 생각해보니 그렇지만은 않은 것 같았다. 단지 그쪽의 커뮤니케이션을 선호하는 사람들은 독립형 인간 형태로 한 사람 한 사람의 개성을 존중하며 맨투맨 형식으로 인간관계를 펼쳐나가고 있을 뿐이었다. 그러다가 마음에 맞는 사람들이 있으면 사이버 그룹을 형성해서 그 안에서 서로의 안부를 묻고 정보를 교환하며 대중적인 커뮤니케이션을 펼쳐나가고 있었다. 그렇게 관계가 긴밀해지면 정기적으로 오프라인 모임을 갖기도 하면서 그들만의 사회적 인간관계를 맺어가고 있다.

그런 커뮤니케이션에 익숙하지 않은 사람들은 사이버 관계 속의 인간관계는 인간성을 상실해 가는 것이라고 하면서 사이버 커뮤니케이션을 자제하면서 우리가 갖고 있는 자연적 본질인 인간성을 회복해야 한다고 말한다. 그러나 그쪽 커뮤니케이션에 몰두하고 있는 사람들의 얘기를 듣다보면 오히려 인간성을 잃고 있는 쪽은 이쪽에서 그런 커뮤니케이션을 배제하고 있는 사람들인 것 같다는 생각을 하게 된다.

세상은 빠르게 변해가고 있고 사람들은 빠르게 변화하는 매스미디어에 빠르게 적응해나가고 있다. 그리고 세상이 변하는 속도에 적응하지 못하는 사람들은 그만큼 낙후되고 뒤떨어지게 된다. 또 모두가 모바일 커뮤니케이션을 하면서 인간적인 관계를 유지하고 있는데 그렇게 하지 못하면 자연스럽게 인간관계는 할 수 없게 되고 그렇게 되면 우리의 인간성이 무슨 필요가 있겠냐 하는 생각을 갖는 것이다.

또 사이버 커뮤니케이션에 참여해 보면 다른 것은 몰라도 인간성 자체는 지금의 오프라인보다 더 긴밀하면서도 본질적인 측면으로 구축되고 있는 것으로 보인다. 내가 느끼는 오프라인의 인간관계는 차갑고 냉정하며 다분히 이해 타산적이다. 반면에 사이버에서의 인간관계는 다분히 온정적이고 낭만적이다. 이미지나 텍스트를 중심으로 대화가 이뤄지다보니 잠시 생각하면서 상대와 접촉을 할 수가 있고, 빠르게 움직이는 가운데에서도 신중하게 인간관계를 풀어나갈 수도 있다. 그래서 사람들은 오히려 이모티콘 하나까지 신경을 쓰며 상대를 배려하고 있는 것은 아닌가 한다. 그렇다보니 사이버 때문에 인간성이 상실돼 가는 것이 아니라 현대에서 잃고 있는 인간성을 사이버에서 회복하고 있는 것은 아닌가 하는 생각을 갖게 된다.

다만 사이버에서의 여러 경제문제, 사회문제 등이 이제는 체제를 갖춰나가고 있듯이 우리 인간적인 문제의 관계, 사이버 체제에서의 예절과 교양 등과 같은 인간적 교류에 있어서의 사이버 규범이 새롭게 그리고 지속적으로 정립되었으면 한다. 그리하여 '생각하는 인간'에서 '움직이는 인간'으로 변모하게 되는 새 시대의 아이콘처럼 수년 만에 이루어낸 스마트한 세상에서의 스마트한 인간관계가 더욱 더 인간답게 발전하는 계기가 되었으면 한다.

-「호모사피엔스에서 모바일 인간으로」/ 김광기

2. '사랑'에 관한 주제로 글을 쓰려고 한다. 어떤 소재들을 사용하면 효과적일지, 어떤 오브제를 활용하여 내용을 심화할 수 있는지 생각해 보자.

제2장 어떻게 쓸 것인가

1 스토리와 글의 체계

어떤 글이든 쓰고자하는 글 안에는 어떤 방식으로든 전개해 놓은 이야기 구조가 있어야 한다. 현대의 우리는 그것을 스토리라고 하는데, 고대의 아리스토텔레스는 그것을 "처음과 중간과 끝"의 구조를 갖는 플롯(plot)이라고 하였다.

이러한 루트로 설명된 플롯은 점점 세월이 지나면서 오늘날에는 스토리(story)라는 구조를 가지며 글의 기본적인 구성체계로 발전 변모하게 되었다. 하지만 플롯이라는 말이 없어진 것은 아니다. 플롯이라는 말은 현대에 이르러서도 계속 사용되면서 스토리와는 다른 기능으로 자리를 잡고 있다. 플롯과 스토리는 각기 다른 방식으로 사용되고 있는 것이다.

스토리는 소설 구조를 갖는 형식의 줄거리를 말하는 것으로 대표되고 플롯은 시의 구성을 이루는 흐름을 말하는 것으로 대표되고 있다. 그리고 이들 스토리와 플롯이라는 두 가지의 공통점은 어떤 형식으로든 각기 줄거리를 갖고 있다는 것이다.

줄거리를 갖는 구조를 우리가 흔히 논술적으로 정리하는 서론과 본론, 결론의 구조로 이해하며 받아들이면 정리가 잘 될 것 같다. 먼저 서론, 본론, 결론 구조의 원형이라 할 수 있는 스토리(story)와 플롯(plot)의 개념부터 살펴보기로 한다.

1) 스토리(story)

스토리는 사실적 요소인 인물의 성격과 시간, 장소, 배경 등이 구체적으로 묘사되며 한마디로 줄거리를 갖는 형식이라 볼 수 있다. 주로 소설이나 사실적 요소를 중심으로 하는 논제들을 정리할 때 쓰인다. 우리가 흔히 알고 있듯 소설만이 스토리를 갖춰야 하는 것은 아니다.

각개의 문화 혹은 예술적 요소는 물론 우리 주변에서 쉽게 설명되는 여타의 요소들까지 대개는 스토리 구조를 갖추고 있다. 그래서 스토리가 없으면 생산도 없고 어떤 분야에서든 스토리가 없으면 감동이 없다고까지 할 정도로 스토리라는 말은 다양한 분야의 흐름을 이해하는 척도로 쓰인다.

그렇기 때문에 현대에서는 이를 좀 더 구체화시키는 '스토리텔링'이라는 별도의 전문영역을 활성화시키고 있다.

오늘 날의 스토리텔링(storytelling)은 문화원형에 '언어'라는 도구적 가치를 활용해서 새로운 이성과 정서의 세계를 창출하는 동력으로 인식되고 있다. 단순히 '이야기하기'가 아니라 지식기반 산업에 언어적 생명력을 불어넣어 새로운 문화체계를 수립하려는 목표를 갖는다.

현대의 지식기반 산업인 영화, 애니메이션, 방송, 광고, 캐릭터, 모바일, 인터넷, 게임과 엔터테인먼트, 이벤트 연출 및 예술과 공연 분야 등의 다각적인 분야에서 꾸준히 연구되며 실제적으로 현장에서 적용되고 있다.

이외의 지식기반 산업뿐만 아니라 생산의 필요성이나 방법을 결정하는 일이나 물류의 흐름, 유통을 기획하는 일, 또는 다양한 상품 속에서 개개의 기능성을 부각시키는 일 등에서도 스토리텔링은 중요한 맥락을 결정짓는 요소로 활용되고 있다. 그것은 전혀 관심이 없는 상품에 흥미를 갖게 하거나 서로 상관없는 사람과 사람, 일과 일 등을 연결시키는 작용은 물론 생산자와 고객과의 감동적인 연결을 통해 최대 효과의 창출을 모색하고 있기 때문이다.

2) 플롯(plot)

플롯은 이미 말한 바와 같이 아리스토텔레스가 『시학』에서 "모든 이야기에는 처음과 중간과 끝이 있다." 하며 이것을 플롯이라고 말한 데서 비롯되었다. 또한 아리스토텔레스는 플롯을 비극의 가장 중요한 요소라고 주장한 이래 작품의 '묘사'에 선행하는 극적 효과의 중요한 지주(支柱)로 삼아왔다.

현대에 와서는 간단하게 '줄거리'라고 하기도 하지만 이야기(story)가 시간적 경과에 의한 줄거리의 전개를 뜻하는 것이라면 플롯은 작품의 주제를 증명하는 데 관련된 등장인물 등의 내적(內的) 인과관계 및 사건의 내적정황을 중심으로 한 것이라고 말할 수 있다. 다시 말하면 스토리는 외형적 요소에 의해 진행되는 것이고 플롯은 내재적 요소에 의해 진행되는 것이다. 이러한 플롯은 대표적인 예로 시(詩)적 장르에서 많이 쓰이는 구성요법이라고 할 수 있는데, 흔히 시를 읽을 때는 문장을 읽지 말고 행간을 읽으라고 말하는 것은 이 때문이라 할 수 있다. 또한 아리스토텔레스는 플롯을 시의 영혼이라고 말하기도 하였다. 플롯을 통해 시적 의미를 진행시키기도 하고 플롯이라는 진행구조 속에 시적 의미를 담아둘 수 있었기 때문일 것이다.

플롯은 더블플롯(double plot, 작품을 구성하는 데 있어서 두 가지의 이야기를 서로 엇섞어서 한 작품을 이루어 짜는 일)과 로맨스플롯(romance plot, 중세 유럽의 사랑과 무용(武勇)을 다룬 기사모험담에서 비롯되어 현대의 할리퀸 로맨스에 이르기까지 남녀간의 사랑을 다룬 이성애적 로맨스 장르) 등으로 다양하게 활용되고 있다.

할리퀸(Harlequin)은 형형색색으로 꾸민 어릿광대로 교활하면서도 소박한 품성을 지닌 캐릭터를 말한다. 얼굴에 웃음 가득한 분장을 형형색색으로 하고 눈물방울까지 그려 넣은 어릿광대의 분장은 기쁨과 슬픔을 공존케 하는 묘한 매력을 발산하기도 한다. 또한 이러한 인물형으로 표현하는 아이러닉한 의미는 할리퀸 로맨스의 플롯이 어떠한가를 짐작하게 한다.

스토리나 플롯의 개념을 바탕으로 학술논문이나 학위논문 등에서는 서론 본론 결론 체제가 명확하게 드러나야 하지만 대학에서 과제를 제출하는 리포트나 사회에서 쓰는 칼럼이나 논설문, 또는 기타 실용문 등을 작성할 때는 서론 본론 결론 체제를 명확히 드러내지 않고 쓰는 경우가 많다. 그러나 어떤 목적을 갖는 글을 작성할 때라도 서론 본론 결론 체제의 바탕 안에서 써야하며, 서론 본론 결론 체제의 의미를 갖는 구분이 서로 유기적으로 잘 연결되어 있어야 한다.

3) 서론(序論)

대체로 서론은 쓰고자 하는 주제의 도입부분이라 할 수 있다. 다시 말해 주제를 시작하며 길을 여는 부분을 말한다. 그렇다고 해서 단지 주제의 방향만 제시하고 그치는 것이 아니라 어떤 목적으로 주제를 말하려고 하는지 '문제제기'를 하고 그것을 풀어갈 방법을 제시한다.

논문을 쓸 경우에는 자신이 쓰고자하는 주제의 현재의 위치라 할 수 있는 기존의 연구 성과를 검토한다. 이어서 '연구방법'과 '연구목표'를 제시해야 한다. 동일한 주제, 동일한 자료를 가지고도 연구방법을 달리하면 새로운 결론을 도출할 수 있다. 적절한 방법이 선택되어야 독창적이고 알찬 논문을 쓸 수 있다. 개성적이고 참신한 글은 도입부에서 그 길이 결정된다고 해도 과언이 아니다.

논문이 아니더라도 이러한 원리는 크게 다를 게 없다. 다만 형식적인 것이 겉으로 표시 나게 드러나느냐 그렇게 드러나지 않느냐의 차이만 있을 뿐이다. 논문의 경우는 그 형식이 명확하게 표기되어 구분해야 하지만 이외의 글을 작성할 때는 그러한 의미가 함유된 문장을 이뤄야 한다는 것이다.

어떤 글이든 위에서 말한 단계적인 사항을 염두에 두고 작성되어야 한다. 글이란 다른 사람들에게 내가 말한 것에 대해 공감을 갖게 하거나 나하고는 생각이 달랐던 사람들을 단계적으로 설득하고자 하는 것이기 때문이다.

4) 본론(本論)

본론은 서론에서 문제 제기한 것을 밝히는 과정이다. 주제에 관한 자신의 입장을 밝히거나 자신이 말하고자 하는 바인 자기주장을 펴는 과정이라 할 수 있다. 이때 자신이 주장하는 바를 타당하게 입증하고 논리를 세우기 위해서는 몇 가지의 사항에 유의하여야 한다.

첫째, 자기의견을 제시하며 논의를 전개해 나가야 하는데, 이때에는 반대의견도 제시하고 비판해야 한다. 또 의견을 개진할 때에는 정확한 논거를 제시하며 합리적이고 타당한 추론과정을 거쳐야 한다. 그렇지 않으면 자신의 주장이 약해질 수밖에 없으며 억지주장이 되거나 감정에 치우친 내용으로 일관될 수밖에 없다.

둘째, 논의과정에서는 논리적 비약이 일어나지 않도록 문제를 지나치게 확대하지 말아야 한다. 언급한 사안들이 단락별로 잘 정리될 수 있도록 소결론을 붙이는 것도 바람직할 것이다. 하지만 이때의 결론이 전체의 내용에 위배되거나 성급해서는 안 된다.

이때 논리가 잘 맞으면 논의의 문제가 점차로 확장되어 탄탄한 의미를 구축하게 되지만 논리가 잘 맞지 않으면 논의의 문제 자체를 의심받을 수밖에 없다. 논리의 연결성과 전환성의 문제 등을 잘 파악해서 정리해 두어야 이러한 문제를 원활하게 풀어갈 수 있다.

셋째, 위에서 말한 방법적인 측면에서 모든 논의를 추론함에 있어 그 과정에는 일관성이 있어야 한다. 자료와 논증을 유기적으로 결합시켜 논의할 때에 귀납적 요소를 신중히 다뤄야 할 필요가 있으며, 통계자료를 활용할 때에는 수식이나 도표의 제시에만 그치지 말고 그에 대한 구체적인 설명을 붙이며 해석해 주는 것이 바람직하다.

설명이 부족하다면 다른 예시를 통해 전에 설명한 부분을 보충해 주는 것이 좋다. 하지만 반대로 설명이 지나치게 장황한 부분이 있으면 글의 긴장감을 떨어트리게 되므로 이를 주의해야 한다.

5) 결론(結論)

결론에서는 본론에서 전개한 논점들을 묶어 큰 논점으로 종합하여 요약한다. 다시 말해 결론은 본론에서 전개한 논의를 요약하여 정리하는 부분이라 할 수 있다. 또한 결론은 본론에서 논의한 부분의 요약이기 때문에 지난 문제에 대해 다시 반복 논의해서도 안 되며 새로운 문제를 끌어들여서도 안 된다.

결론 부분에서는 본론에서 논증된 결과만을 제시해야 한다. 여기에 자신의 논문에서 미진한 부분이나 보완되어야 할 사항을 제시할 수 있다.

결론이 너무 길어서도 안 된다. 전체 문장의 1/5정도가 적당하며 서론과 결론만 읽어도 글의 윤곽을 잡을 수 있도록 정리해야 한다.

참고로 학술논문의 체제를 적으면 다음과 같다.

표제지, 제출서와 인준서, 국문초록, 목차, 도표목록 등, 본문(서론, 본론, 결론), 참고문헌, 부록, 영문초록 등이다. 또한 논문은 논문을 관할하는 단체에 따라 논문의 크기, 글자호수, 기호 및 참고문헌 작성방법 등을 별도로 제시하고 있다. 따라서 논문을 작성할 때는 그 단체에서 요구하는 방식을 미리 알아두어야 한다.

*탐구과제

1. 다음 글을 읽고 서론 본론 결론 과정을 어떻게 구성했는지 파악해 보자.

하늘은 스스로 돕는 자를 돕는다고 한다. 자신을 아끼고 자기 자신을 위해 최선의 노력을 다할 때 하늘도 돕는다는 뜻일 것이다. 또한 자신을 아낄 줄 아는 사람이 남을 이해하고 아끼는 사람이 될 수 있다. 다른 사람을 위할 줄 아는 사람이 되는 것이다. 자신을 아끼고 스스로의 존재감을 갖는 것은 단지 자신만의 문제는 아닌 듯하다. 내 주위에 있는 사람들을 생각해 보라. 그 중에서도 나를 아끼고 있는 사람들을 생각해 보라. 또 나와 함께 세상을 꿈꾸고 있는 사람은 없는지 생각해 보라. 내가 이제껏 혼자 살아올 수 없었듯이 이미 나는 나 혼자만의 존재가 아닐 것이다.

꼭 누구 때문에 사는 삶이 아니라 나는 애초에 혼자서 이 세상에 올 수가 없었고 혼자서는 이 세상을 살 수가 없었다. 우리라는 이름으로 함께 생각하며, 함께 존재하며 지금껏 살아오고 있는 것이다. 이렇게 생각해보니 하늘은 스스로 돕는 자를 돕는 것보다 하늘은 우리를 돕는 사람을 돕는다는 말처럼 들린다. 자살은 이 세상에서 단지 나만이 없어지는 그런 의미가 아니다. 또한 자살은 절대 어떤 문제를 푸는 해법이 될 수 없다. 그렇게 단순한 세상사였다면 우리 사는 세상이 얼마나 단조로웠겠는가.

요즘 미디어에서는 자살소식이 끊이질 않는다. 우리나라에서 한 달에 천여 명이 자살을 하고 있다니 그럴 만도 하다. 거기에 보통 사람들이 부러워하는 지위에 있는 유명 인사들까지 자살이란 뉴스를 터트리며 미디어를 들끓게 한다. 유명 연예인, 사업가, 정치인, 전직 대통령까지 사회에서 성공한 그들이 어느 날 자살했다는 뉴스를 접하게 되면 우리는 그만 허탈감에 빠지고 만다. 시쳇말로 오죽했으면 그랬을까 하는 생각이 없지는 않다. 하지만 이 세상에는 죽지 못해 사는 사람들도 많다. 그렇기 때문에 오죽했으면 자살까지 했을까 하는 심정으로 이해해 줄 수가 없다. 그렇게 되면 살기 힘든 사람은 죽어도 괜찮겠다는 자기합리적인 논리가 만들어지며 경제적으로나 심정적으로 살기 힘든 시기가 오면 많은 사람들이 우선 자살부터 생각해보는 위험수위가 쉽게 형성되기 때문이다.

한 때의 좌절을 겪으며 살기 힘든 시기가 10년이 가는 것을 보았는가. 아니, 살기 힘든 형편으로 평생을 보낸다고 해도 그렇게 죽겠다는 생각을 해서는 안 된다. 구족화가 중에 한미순이라는 사람이 있다. 20대 후반에 교통사고를 당해 스스로 움직일 수 있는 부분은 머리뿐이고 다른 부분은 본인의 의지대로 전혀 움직이지를 못한다. 그렇게 30여년을 그림에 몰두하면서 살고 있다. 그녀가 그리는 그림의 완성도나 성과는 이미 정평이 나 있을 정도로 훌륭한 수준이지만 그런 것을 떠나서 온몸이 묶인 듯한 자세로 입에 붓을 물고 그림을 그리는 모습은 참으로 처절하다는 생각까지 들게 한다.

한때는 그렇게 힘들게 사는 장애인들을 보면 차라리 죽지 고생스럽게 무슨 낙으로 저렇게 살까하는 생각을 하기도 했다. 하지만 조금씩 그들의 삶을 관심 있게 바라보면서 그들은 감히 내 삶의 잣대로는 가늠조차 할 수 없는 삶을 살고 있다는 생각으로 바뀌게 되었다. 어찌 삶이라고 다 같은 삶이겠는가. 하루가 천년 같다는 말이 맞을 것이다. 그들은 내가 미처 살아내지 못한 몇 만 배의 가치를 지닌 삶을 살고 있는지도 모른다. 우리가 살아가는 중에도 고통스럽게 살았던 순간과 편안하게 일상을 보냈던 순간을 쉽게 비교하지 못하는 것과도 같을 것이다.

거기에 한미순 화가처럼 엄청난 장애를 극복하며 하루하루를 사는 것은 이 세상의 어떤 사람의 도(道)로도 실현할 수 없는 경지의 삶이라 할 수 있다. 그녀가 가장 부러운 사람은 제 몸을 스스로 움직일 수 있는 장애인이라 한다. 모름지기 삶이란 이렇게까지는 아니더라도 나름 존엄해야 한다. 삶이 힘들다고 해서 절대로 자살을 생각해서는 안 되는 것이다. 자살은 스스로의 목숨을 거두는 의미가 아니다. 자살은 자신을 죽이는 가장 좋지 않은 방식의 살인이다. 어떤 이유에서든 살인이 정당화 될 수 없는 것처럼 어떤 이유에서든 자살이 정당화 될 수는 없다.

이 세상에서 고통을 감수해야 할 것이 있으면 끝까지 고통을 감수해야 한다. 이 세상에서 책임을 져야 할 것이 있으면 끝까지 책임을 지고 가야 한다. 그것은 우리 인간, 우리 인류의 역사가 기록되는 과정에서 보면 아주 잠깐 동안 흘러가는 시간에 불과할 것이다. 나의 생에 있어서도 그렇게 고통스런 시간은 오래가지 않는다. 하지만 그렇게 고통스런 시간으로 평생을 산다고 해도 우리는 그 시간을 견뎌내야 한다. 나의 삶은 나의 삶으로만 끝나지 않고 또 다른 사람들의 길이 되기 때문이다.

–「자살은 가장 안 좋은 방식의 살인이다」/ 김광기

2 기승전결

일반적으로 우리가 글을 쓸 때 가장 많이 사용하는 구성 방법이 기승전결 방식이라고 할 수 있다. 글을 쓰는 맨 처음에 어떻게 쓸까 생각하면서 기승전결 방식으로 개요를 정리하면서 글의 방향과 내용 그리고 결론을 모색해 나간다. 이러한 기승전결(起承轉結)은 한시(漢詩) 절구체(絕句體)의 구성법에서 비롯되었다.

한시에서는 기승전락(起承轉落) 또는 기승전합(起承轉合)이라고도 한다. 제1구를 기구(起句), 제2구를 승구(承句), 제3구를 전구(轉句), 제4구를 결구(結句)라 하며, 이 네 구의 교묘한 구성으로 한 편의 절구를 만드는 방법이다.

즉, 기구(起句)에서 생각을 일으키고, 승구(承句)에서 그것을 이어받아 발전시키며, 전구(轉句)에서는 장면과 사상(이미지나 의미)을 새롭게 전환시키고, 결구(結句)는 전체를 묶어서 여운(餘韻)과 여정(餘情)이 깃들도록 끝맺게 하는 것이다.

이러한 것을 문장 구성에 있어서의 4단계로 적용하여 서론(序論), 설명(說明), 증명(證明), 결론(結論)과 같이 전용(轉用)하고 있다. 이는 소설이나 희곡에서 그 줄거리나 구성을 고안하는 데도 사용되며, 각종의 글쓰기에서 서론, 본론, 결론 체제를 보완하는 단계로 활용되고 있다. 다시 정리하면 다음과 같다.

기(起)는 생각을 일으키는 서론(序論)부분으로 동기와 목적, 글의 주제 암시, 사실이나 사건 제시, 글의 전개방향 등을 적는 부분으로 글을 쓰고자 하는 동기나 목적 등이 드러나도록 써야 한다.

승(承)은 글을 발전시키는 설명(說明)부분으로 글의 전개, 주지(主枝) 제시, 예시(例示), 부연(敷衍), 강조 등의 내용을 담는다. 이때의 부연(敷衍)은 내용을 이해하기 쉽도록 설명을 덧붙여 자세히 말하는 부분으로 적절한 부연은 내용의 이해를 돕는 데 일조를 하지만 지나치면 중언부언이 될 수 있으니 주의해야 한다.

전(轉)은 내용을 새롭게 전환하는 증명(證明)부분으로 증명, 전환, 요약의 내용으로 정리한다. 또한 이때의 전환적인 요소는 내용을 새롭게 바꾸라는 것이 아니라 내용의 인식을 새롭게 조성하라는 뜻으로 받아들여야 한다.

결(結)은 내용을 정리하고 여운과 여정을 남기는 결론(結論)부분으로 전체적인 내용을 정리하고 결론짓는 맺음말이라 할 수 있다. 상황에 따라서 내용을 잘 요약한 정리가 필요하기도 하지만 별도의 정리가 필요 없는 내용이라고 판단되는 글에서는 과감하게 축약 전환하여 여운이 많이 남는 마무리가 필요하기도 하다.

기승전결의 구조는 모든 글쓰기의 체계를 잡는 데에 아주 적절하고 유용하게 쓰인다. 아리스토텔레스가 말한 것처럼 모든 이야기에는 처음과 중간과 끝이 있기 때문이다. 처음부분을 기(起)항의 내용으로 정리하고, 중간부분을 승(承)과 전(轉)항의 내용으로 정리한 후, 끝부분을 결(結)항의 내용으로 정리한다면 논문처럼 뚜렷한 체계를 세우지 않는 글쓰기에서도 훌륭한 짜임새를 갖출 수 있다.

*탐구과제

1. 다음 글을 읽고 기승전결 구조를 파악해 보자.

민주주의의 꽃은 선거이다. 직접투표를 해서 가장 많은 지지를 받은 사람이 선출된다. 다수결의 원리이다. 따라서 권리를 행사하는 개개인의 의식 수준이 곧 사회의 수준을 만든다. 2007년 대한민국 국민의 수준을 나타내줄 바로미터, 대통령 선거가 다가오고 있다.

역대 대통령 가운데 국민의 갈채를 받으며 수장의 자리에서 물러난 사람은 없었다. 우리나라에서 대통령직은 사실상 '독이 든 성배'인 셈이다. 이것이 과연 대통령만의 잘못인가는 잘 생각해봐야 한다. 조직의 리더, 지도자가 갖추어야 할 자질은 결코 적지 않다. 구성원이 믿고 따를 수 있는 '팔방미인'이어야 하기 때문이다. 학식, 리더십, 포용력을 비롯해 통찰력 등 우리는 많은 것을 지도자에게 요구하며 이들에게 결과에 대한 책임을 묻는다.

하지만 정작 선거를 할 때 앞서 나열한 덕목들을 앞세워 판단근거로 설정하는 국민의 비율은 높지 않다고 생각된다. 단적인 예로 현재 지지율 상위의 000 대통령 후보를 들 수 있다. 대통령은 국가를 이끄는, 지도자 중의 지도자이다. 이 직책 또한 공무원이라 애써 언급하지 않더라도 리더의 조건 가운데 0순위로 꼽아야 할 것은 도덕성이다. '털어서 먼지 안 나오는 사람이 없다'고는 하지만 이 후보는 좀 심하게 나온다. 곧 자격을 갖추지 못한 것이다.

이념, 진보냐 보수냐를 떠나 경제를 발전시킨다는 데에 대한 믿음이 반영되었을 것이라 본다. 수단과 방법을 가리지 않고 목적을 향해 전력했던 박정희 정권의 병폐에서 아직 벗어나지 못한 것이다. 게다가 향수를 느끼기까지 한다. 민주주의를 배제했던 그의 과오 '덕분'에 우리 국민들은 민주주의의 진정한 의미와 후일 그것을 책임져야 할 부분에 대해 아직도 제대로 인지하지 못하고 있는 듯하다. 국민이 날카로운 잣대를 들이대지 않으면 고만고만한 후보들이 나온다. 또한 그런 대통령이 선출된다. 지금 우리의 수준은 어디쯤인가.

– '학생의 글'

2. 위의 글을 문장별로 끊어서 아래 내용에 부합하다고 생각되는 번호를 매기며 기승전결을 구체적으로 살펴보며 토론해 보자.

기(起) – 동기와 목적, 글의 전개 방향 : (1)주제 암시, (2)사실이나 사건 제시

승(承) – 설명, 글의 전개 부분 : (3)주지 제시, (4)예시, (5)부연, (6)강조

전(轉) – 전환적 요소, 목적달성 단계 : (7)증명, (8)전환, (9)요약 정리

결(結) – 결론적 요소 : (10)결론, (11)맺음말

3 개요 만들기

개요(槪要, synopsis)란 신문 잡지의 기사나 연극, 방송 프로그램, 논문 또는 서적의 장(章), 항(項), 목(目) 등의 내용이나 그에 따른 내용의 절차를 간단히 축약해 놓은 것을 말한다.

축약(abstract)이나 요약(summary)은 비슷하지만 축약은 함축적 요소가 돋보이는 정리 방식이고 요약은 전체적인 내용을 단계별로 드러내서 정리하는 방식이다. 그러나 축약과 요약은 큰 차이 없이 대체로 문학작품의 줄거리나 저서 내용의 핵심을 간단히 적어 놓은 것이라 말하기도 한다.

글을 쓸 때 주제를 정했다면 다음에는 글의 대강을 구상하여야 한다. 그렇게 구상된 것을 항목별로 나누고 차례로 정리해서 개요를 작성하는 것이다. 개요를 작성하려 할 때는 먼저 쓰고자하는 주제의 범주에서 두 가지 이상의 논점으로 나누어 '대항목'을 정한다. 그리고 '중항목'과 '소항목'을 정하면 원하는 개요표를 얻을 수 있다.

이렇게 정리할 때 대항목을 로마자 'Ⅰ, Ⅱ, Ⅲ, Ⅳ'로, 중항목을 알파벳 대문자 'A, B, C, D'로, 소항목을 알파벳 소문자 'a, b, c, d'로 정리하는 것이 바람직할 듯하다. 정리하는 사람이나 단체의 속성에 따라서 로마자나 알파벳을 '1, 2, 3, 4'나 '가, 나, 다, 라'나 등으로 표기하기도 하는데, 일반적으로 소속된 단체나 활동하는 분야에서 통상적으로 사용하고 있는 표시방법을 따르는 것이 무난할 듯하다.

대항목에서는 가장 일반화된 개념을 표제로 내세우는 것이 좋다. 가령 '대중문화'를 주제로 삼아 글을 쓴다면 대항목에서는 우선 개념적인 정리를 하거나, 어디서부터 어디까지를 고찰하는 범주로 삼을 것인가를 결정하는 '대중문화의 범위' 정도를 적을 수 있겠다.

다음으로는 대중문화의 현황이라 할 수 있는 '대중문화의 개념과 보편적 인식'을 들 수 있겠고, 이어서 본론 격인 '대중문화의 오류'와 결론 격인 '대중문화의 쇄신' 등으로 정리할 수 있겠다.

대항목이 정해지면 드러내고자하는 순서대로 중항목과 소항목을 정할 수 있다. 그렇게 구상했던 대로 중항목과 소항목이 마무리되면 다음과 같은 '화제개요'로 정리할 수 있을 것이다. 그리고 그 이전에 주제문을 적고 주제에 따른 현황적 의미와 글의 방향을 적으며 '머리말'로 삼는 것도 상황에 따라 필요하다.

Ⅰ. 대중문화의 범위

Ⅱ. 대중문화의 개념과 보편적 인식

A. 전통문화

B. 외래문화

C. 퓨전문화

Ⅲ. 대중문화의 오류

A. 전통문화의 왜곡

a. 전통문화의 개념 상실

b. 쾌락주의 추구

B. 무분별한 외래문화 수입

a. 국경 없는 문화의 실태

b. 외래문화 수입의 병폐

c. 이민족의식과 합리주의

C. 상업주의로 양산된 문화

a. 문화생산과 기업의 역할

b. 돈이 되는 문화, 돈이 되지 않는 문화

c. 거대기업이 만드는 민족주의

Ⅳ. 대중문화의 쇄신

위에서 아래로 진행하면서 점진적으로 고찰을 한다. 그리고 개요문을 작성하거나 그대로 본문을 진행하면서 개요가 만들어진 것을 더 적절한 개요항목으로 수정 보완할 수 있다.

또한 위의 '화제개요'에서 개요문을 작성하면 '문장개요'가 되는데, 문장개요는 화제개요에 비해서 글을 쓰고자하는 의도를 구체적으로 드러내어 전체적인 문장과 그 글의 의도를 안정적으로 구축해 나갈 수 있다. 또한 화제개요는 글의 내용을 일목요연하게 보여주고 있어 그대로 글의 목차로 삼을 수도 있다.

간단한 글의 개요는 다음의 사항을 고려하며 정리할 수 있다.

1. 머리말
2. 현황적 의미
3. 비교적 의미
4. 문제적 의의
5. 해결
6. 맺음말

더 간단하게는 다음과 같이 축약하여 개요를 정리할 수 있다.

1. 현황적 의미 + 문제제기
2. 현황적 의미 + 비교 의미
3. 문제적 의의 + 해결

4 개요문 쓰기

앞에서 밝힌 바와 같이 개요문을 쓰면 문장개요가 되는데, 문장개요를 쓰게 되면 전체적인 글의 의도를 안정적으로 구축할 수 있다. 그리고 개요문을 쓰기 전에는 주제문과 키워드를 먼저 정리해 두는 것도 바람직하다. 시간이 부족하다면 주제문과 키워드를 중심으로 바로 본문을 작성하는 것도 필요하다. 이렇게 하기 위해서는 다음과 같은 방식의 개요문을 작성하며 꾸준히 연습해야 한다. 빠르게 작성하는 것도 중요하지만 정확하게 실수 없이 작성하는 것은 무엇보다도 중요한 일이기 때문이다.

다음은 앞에서 정리한 화제개요를 문장개요로 바꾼 것이다. 전체적인 내용의 부분 부분을 살펴보면서 더 보완할 요소는 없는지, 아래의 내용보다 더 독창적인 내용으로 정리할 수 없는지를 차분하게 생각해 보는 것이 좋겠다.

'주제문' : 대중문화는 현대사회를 숨 쉬게 하는 산소와 같다. 이러한 대중문화는 우리 모두가 가꾸고 계승 발전시켜야할 우리의 재산이기도 하다. 문화적 오류로 황폐해져 가는 대중문화의 현실을 새로운 문화로 창출해야 한다.

Ⅰ. 대중문화의 범위

대중문화(大衆文化)는 대중사회를 기반으로 성립되는 문화를 말한다. 현대의 대중문화는 일부 엘리트만의 고급문화와 기층(基層)에 있는 토착적인 민속 문화와의 사이에 나타난 중간문화를 이르기도 한다. 대중문화는 생활수준의 향상 및 교육보급의 확대, 매스커뮤니케이션의 발달 등으로 향유범위가 확대되어 일반화된 개념으로 성립 계승되고 있다.

Ⅱ. 대중문화의 개념과 보편적 인식

A. 전통문화 : 전통문화는 그 나라에서 발생하여 전해 내려오는 고유의 문화를 말하며, 그 나라의 전통의식이 잠재되어 있다. 외래문화와 충돌하는 현상이 있기도 하지만 다양하게 밀려오는 외래문화로 인해 현대적으로 변모되는 양상을 보이기도 한다.

B. 외래문화 : 고유한 문화가 아닌, 즉 전통문화와 대별되며, 다른 나라에서 들어온 문화를 말한다. 실용성, 편이성, 오락성 등으로 빠른 시간에 현대생활 깊숙이 침투되는 경향이 있다.

C. 퓨전문화 : 전통문화와 외래문화가 섞여 문화의 정체성이 없다. 하지만 다양한 문화가 섞여 오락성이 강한 문화가 생성되기도 하며, 궁극적으로 삶의 질을 향상시키는 면이 있기도 하다.

Ⅲ. 대중문화의 오류

A. 전통문화의 왜곡 : 전통문화의 개념 상실과 지나친 쾌락주의

추구로 전통문화는 왜곡되어 그 정체성마저 의심스러운 상황이다. 전통문화만으로 문화의 질을 향상시킬 수 있는 끊임없는 연구가 필요하다.

a. 전통문화의 개념 상실

b. 쾌락주의 추구

B. 무분별한 외래문화 수입 : 무분별한 외래문화의 수입은 우리 민족의 정서를 해칠 우려가 있다. 모럴과 사회적 가치관이 달라지면서 국가의 장래가 안전하지 않을 수도 있다. 섣부른 합리주의는 지양되어야 한다.

a. 국경 없는 문화의 실태

b. 외래문화 수입의 병폐

c. 이민족의식과 합리주의

C. 상업주의로 양산된 문화 : 모든 것이 상업화되고 있는 현실이다. 그렇다고 해서 상업적 요인을 배제한 문화양산만 고집할 수는 없다. 문화가 수출되는 양질의 우리 문화가 계획적으로 창출되어야 할 때다.

a. 문화생산과 기업의 역할

b. 돈이 되는 문화, 돈이 되지 않는 문화

c. 거대기업이 만드는 민족주의

Ⅳ. 대중문화의 쇄신

외래문화와 공존하면서도 전통문화가 더욱 강화되는 시스템을 도입하여야 한다. 현대의식으로 계승발전 시킬 수 있는 문화산업을 이루기 위해서는 문화진흥정책으로 방향을 잡아야 한다. 또한 우리 모두가 올바른 대중문화인식을 가져야 한다.

*탐구과제

1. 다음 글을 읽고 어떤 문제를 받아서 어떻게 개요를 잡아 정리했는지를 추론해 보자.

얼마 전, '배반의 여름'이라는 소설을 읽은 적이 있다. 이 책은 성장소설로, 어린 소년이 아버지의 도움으로 자신의 편견인 우상을 깨고 정신적 성숙을 이루어 나가는 이야기를 그리고 있다. 여기서 소년의 정신적 성장은 어린 시절 동생이 자신 때문에 물에 빠져 죽었다는 자책감에서 벗어나는 첫 번째 단계, 아버지를 우상으로 생각했던 좁은 사고를 벗어나 세계를 인식하는 두 번째 단계, 지식인의 위선적 모습을 알아차리며 사회의 거짓된 모습을 인식하는 세 번째 단계로 나아가며 이루어진다.

즉 소년의 정신적 성장은 개인적 차원에서 사회적 차원으로 확장되며 이루어지고 있다. 우리도 소년과 마찬가지로 의식을 구속하는 편견의 틀을 깰 때마다 더욱 큰 세계와 만나게 되고 새로운 정신적 성숙에 이르게 된다. 물론 개인마다 성숙의 단계와 정도는 개인의 경험과 인식에 따라 다르게 나타날 수 있다. 하지만 개인의 내적 요인이든 외적 요인이든 어떠한 계기를 통해 우리의 정신적 성숙은 계속되고 있다. 또한 제시문 [1], [2], [3]에 나타난 단계적 성숙의 과정은 내가 대학 진학의 방향을 결정하게 되기까지 수많은 고민과 상담 끝에 이루어진 정신적 성숙의 과정과도 유사하게 나타난다.

먼저 제시문 [1]의 화자는 자신의 내면적 성숙을 이루고 있는데, 이는 내가 처음으로 해외유학을 결심하던 때와 유사한 성숙 단계이다. 중학생시절 즐겨보던 만화영화를 통해 일본문화와 일본어를 접하게 된 나는 처음에는 단지 흥미로 일본어를 공부하기 시작했다. 하지만 고등학생이 되고 나서 흥미만이 아닌 나의 진로를 위해 일본어를 공부하기 시작하면서 나는 해외 유학에 대한 막연한 동경을 가지게 되었다. 이와 마찬가지로 제시문 [1]의 화자도 자신이 머물던 곳을 떠나 더 넓은 세계에 대한 막연한 이상을 가지고 있다. 이 때 화자는 자신을 무력한 어린아이로만 바라보는 할머니의 딸의 인식에 반발하면서 자신을 독립된 자아로 인식한다. 이제 그는 어른들의 말에 따라 행동하던 수동적인 자아에서 벗어나 자신이 자아의 주체임을 깨달은 것이다. 그러나 그의 정신적 깨달음은 독립된 자아의 인식에만 머물고 있어 사회적으로 인식을 확장하지 못하고 있다. 내가 처음 해외 유학을 결심한 것도 국내를 떠나 더 넓은 세계로 나아가고 싶은 이상과 함께 성인이 되고 부모님으로부터 완전히 독립하여 내 삶을 주체적으로 살고 싶었기 때문이었다. 하지만 나 역시 구체적인 계획도 없었고 단지 자신만의 생각이었기 때문에 개인적 차원의 정신적 성숙에만 머물러 있었다. 나와 제시문 [1]의 화자 모두 이상만 꿈꿀 뿐, 그것이 사회적 현실과 부딪치게 될 때 일어날 갈등에 대해서는 아직 깨닫지 못하고 있다.

제시문 [2]의 화자는 상호간의 소통을 통해 인간관계 속에서 깨달음을 얻고 있다는 점에서 제시문 [1]의 화자보다 좀 더 나아간 단계의 성숙과정에 있다. 제시문 [2]의 화자는 설리번 선생님의 조력을 통해 단계적이고 체계적으로 2차원적 깨달음에 다가가고 있다. 화자는 자신의 감정만이 지배하던 원초적인 본능의 세계를 조금씩 벗어나 언어뿐만 아니라 인간간의 상호작용과 정신적 자유의 경지까지 맛보게 된 것이다. 내가 친구들과 부모님과의 상담을 통해 유학에 대한 막연한 이상과 자기중심적 사고에서 조금씩 벗어나게 됐을 때, 제시문 [2]의 화자와 같은 정신적 성숙의 단계에 있었다고 할 수 있다. 하지만 제시문 [2]의 화자가 현실에서의 장애물을 깨닫기만 할뿐 세계를 긍정적이고 낙관적으로 인식한 것과 같이 나 역시 여전히 어떻게든 되겠지 하는 낙관적인 태도로 현실에 대한 철저한 인식으로부터 회피했다. 결국 아직 현실 세계와의 갈등을 깨닫지 못했다고 볼 수 있다.

제시문 [1]의 화자가 개인적 차원의 깨달음을 얻었고 제시문 [2]의 화자가 인간관계 속에서 깨달음을 얻었다면 제시문 [3]의 화자는 사회와 갈등하며 사회적 차원으로 깨달음이 확장되고 있다. 화자에게 짐은 소중한 친구이지만 노예인 그를 숨겨주는 것은 당시 사회에서 옳지 못한 행동이었다. 때문에 화자는 개인적 감정과 사회적 규범 안에서 수많은 갈등을 겪는다. 그는 위의 두 화자와는 달리 사회적 인식에 대한 깨달음이 있었고 자신의 행동이 당시의 규범적 차원에서 어떤 의미를 가지는가도 깨닫고 있었다. 나도 두 번째 성숙단계에서 사회적인 인식을 가지게 되는 세 번째 성숙단계를 거치면서 지인들의 유학 경험을 통해 막연한 이상으로부터 시작된 유학생활이 얼마나 힘든 일인지 알게 되었다. 사회적으로 타지에서 독립해서 살아간다는 것에 대한 어려움과 외국인들의 한국인에 대한 편견을 이겨내기 위한 어려움도 깨닫게 되었다. 결국 여러 차례 부모님과 상담한 끝에 대학 진학을 국내로 바꾸고 후에 내가 더 성숙하게 되면 그 때 해외 유학을 다녀오기로 진로를 결정하게 되었다. 다만 제시문 [3]의 화자와 나는 더 넓은 범위로 사고를 확장할 필요가 있다. 제시문 [3]의 화자는 짐을 구하는 것과 고발하는 것, 즉 개인과 사회적 규범과의 갈등이 아니라 이것을 현실의 준법정신과 인간의 존엄성 사이의 갈등으로 좀 더 크게 바라볼 줄 알아야 한다. 또한 나는 나의 유학이 단지 유학 붐에 따른 일시적인 마음인지, 나의 유학이 후에 사회에 어떤 기여를 하기 위한 것인지 깊이 생각해 볼 필요가 있다.

세 화자와 내 깨달음의 단계처럼 우리의 사고는 단계적으로 성숙한다.

깨달음의 계기는 무엇이든 될 수 있지만 그 계기를 통해 얼마나 정신적 성숙을 이루느냐는 문제는 개인에게 주어진 과제일 것이다. 우리는 개인의 자아에 대한 인식에서 시작해서 온 생애에 걸쳐 끊임없이 정신적 깨달음과 성숙의 과정을 지나고 있다. 이때 우리는 우물 안 개구리와 같은 좁은 사유체계에서 벗어나 보다 높은 차원의 깨달음에 도달할 수 있도록 끊임없이 노력해야 한다.

– '학생의 글'

2. '문학'에 대하여 글을 쓰려고 한다. 개요와 개요문장을 구성해 보자.

제3장 표현과 진술

1 묘사적 글쓰기

묘사(描寫)적 글쓰기는 어떤 대상에 대하여 마음속에 새겨지는 느낌을 그림 그리듯이 표현해내거나 사진을 찍듯이 구체적으로 표현해 보이는 글쓰기를 말한다. 묘사의 목적은 대상에 대한 정보나 지식의 전달에 있는 것이 아니라 대상에서 받은 인상(印象)을 전달하는 데 있다. 또한 그 대상에서 가장 강렬하게 받았던 느낌을 '지배적인 인상'이라 하며, 대체로 이러한 지배적인 인상을 중심으로 글로 써나가는 것을 묘사적 글쓰기라 한다.

묘사를 할 때 어떤 대상이 가지고 있는 인상 중에서 집중적으로 표현해야 할 것과 그렇지 않은 것을 구분해서 표현해야 할 필요가 있다. 이때 집중적으로 표현해야 할 것을 '주관적 묘사'라 할 수 있고, 그렇지는 않지만 대상을 구체적으로 이해하게 만드는 것을 '객관적 묘사'라 한다.

주관적 묘사는 독자로 하여금 대상을 생생하게 느끼게 할 뿐만 아니라 이를 통하여 한 단계 높은 차원의 인상을 얻도록 한다. 단적인 예를 들면 가을 풍경을 묘사할 때 낙엽 혹은 단풍을 주관적인 심상에 따라 강하게 드러내면서 묘사하는 것이라 할 수 있다.

반면 객관적 묘사는 주관적인 느낌이나 해석보다는 과학적이고 객관적인 사실을 통해 독자들에게 대상이 무엇인가를 알려주려는 것이다. 그렇기 때문에 객관적 묘사를 설명적 묘사라고도 한다.

묘사를 어떻게 하느냐에 따라 글쓰기의 방향이 달라진다. 적절히 활용한 묘사가 독자들의 상상력을 증폭시키기도 하고 호소력을 높이는 효과도 있다. 대상의 잡다한 인상을 지배적인 인상으로 집약시키고 유기적으로 다른 인상들과 관련시킬 때 묘사에는 생동감이 있기 마련이다. 나만의 의미를 찾아내서 지배적인 인상으로 구축해야 한다. 그러기 위해서는 사물에 숨겨진 측면을 발견해내야 하는 것이다.

사물의 숨겨진 측면을 발견해 내는 것으로는 먼저 음과 양으로 구분해서 사물을 인식해 보는 방식을 생각해 볼 수 있다. 사물에는 빛과 어두움이 있기 마련이다. 이러한 측면에서 단적인 사물의 의미를 생각해 보거나 다양한 색채가 대비되는 의미 속에서의 본질을 생각해 볼 수 있다.

사물의 조형성에 대해서도 생각해 볼 수 있다. 사물의 조형성에서 정지된 의미인 정체성을 추론해 볼 수도 있고 사물의 조형적 움직임에서 변형성의 의미 등을 추론해 볼 수도 있다.

또한 사물을 시간성과 공간성의 의미로 구분해서 생각해 볼 수도 있다. 시간적인 개념으로 분석해보는 통시적 의미를 생각해 볼 수 있고 공간적인 개념으로 분석해 보는 공시적 의미를 생각해 볼 수 있는 것이다. 그리고 이러한 가운데에 숨겨진 사물의 의미를 찾아 나만의 방식으로 정리해 보는 것이다.

거기에 나만이 가질 수 있는 느낌을 더한다면 동시에 다른 사람들과 똑 같은 사물을 묘사하며 글을 쓰더라도 나만의 독창적인 글의 의미를 얻을 수 있을 것이다.

***탐구과제**

1. 묘사적 글쓰기 측면에서 다음의 글을 읽고 분석해 보자.

천장의 형광등 씌우개에서 죽은 나방의 그림자
불빛을 안고 있는 그의 주검이 편안해 보인다.
날개를 쫙 펴고 자빠져 있는 모습이 마치
이 세상의 모든 한풀이는 다했다는 자태이다.
단 한 번의 열정으로 온몸을 태우는 나방들의 질주,
때로는 불빛 하나에 수백 수천의 나방들이 몸을 던진다.
야행성으로 태어나 빛을 보면 환장하는 그들의 본능이
볼 때마다 어처구니없어 보이지만 누가 알랴,
그때 마침 그들 앞에 나타난 불빛이 순식간에
그들의 혼을 앗아가는 블랙홀 같은 것임을,
그래서 이 세상 어떤 것으로도 비교할 수 없는
화려하고 흡족한 죽음이 될 수 있음을,
순간의 열정에 몸 한 번 데여 보지 못한 사람은
죽어도 알 수 없는 그들만의 데드 코드가 있는 것임을.
나방의 주검 주위를 하루살이 한 마리 어슬렁거린다.
불빛에 얽힌 코드를 한번 풀어보려는 듯하다.
하지만 불빛에 관한 의문도 풀지 못할 것이지만
불에 데여 죽지도 않을 것 같다. 시간이 흘러

다만 그곳에서 하루살이는 늙어 죽을 뿐이다.

–「나방의 죽음 의혹」/ 김광기

형광등 씌우개 안에서 나방의 주검 주위를 어슬렁거리던
하루살이, 며칠 지나지 않아 나방의 주검 옆에서 생을 마쳤다.
그가 품었던 나방에 관한 죽음 의혹은 풀린 듯하다.
나방과는 멀리 떨어지지 않은 거리에 놓여 있는
시신의 몸피가 살아있을 때보다 부풀어져 있다.
빛을 삼킨 것 때문이다. 빛과 죽음에 관한 코드,
죽을 때까지 단식에 단식을 거듭했을 그의 생명력이
단지 이승에서 마지막 목숨을 남긴 것만은 아니다.
다행히 그의 육신은 실루엣으로나마 삶의 방점을 찍었다.
몸에 날개를 달고 안개 속 공간으로 비상하고부터는
먹는 입조차 닫아버린 시간, 그러면서도 성장하고
그렇게 늙어죽는 그들에 관한 의문은 죽음보다도 삶에 있다.
종족을 번식시키기 위해 희뿌연 빛이라도 필요했다.
그때 거인처럼 자빠져 있는 나방의 몸피에 매혹 당했는지도
모를 일이다. 나방의 죽음 의혹을 풀려다가
그를 살해했던 빛에 갇혀버렸는지도 모를 일이다.
불빛만 먹고 견디다가 삶에 관한 의문을 남긴 채
어릿어릿한 형광 빛 안에서 주검으로 남아 있을 뿐이었다.

–「하루살이의 죽음 의혹」/ 김광기

2 서사적 글쓰기

의사를 전달하는 데에 있어서의 서사(敍事)란 화자(話者)가 청자(聽者)에게 '이야기'를 전해주는 기술 방식을 말한다. 서사체에서 화자가 이야기를 배열하는 방식을 플롯이라고 하는데, 플롯을 만든다는 것은 일련의 연속적인 사건들을 하나의 의미 있는 전체로 바꾸는 것을 의미한다.

플롯을 통해 화자는 파편처럼 널려 있는 삶의 경험들을 이해할 수 있는 의미로 바꾸기도 하고, 특이한 사건에서는 삶에 대한 보편적 성찰을 시도하기도 한다.

서사는 움직임, 시간, 의미로 이루어진다. 서사의 사건은 단순한 움직임의 나열이 아니라 의미의 연계성을 가진 일련의 사건들을 가리킨다. 그렇기 때문에 움직임의 각 과정은 어느 한 중심을 향하여 서로 유기적으로 연관되어 있어야 한다. 그리고 여러 가지 사건은 하나의 주제를 부각시키는 방향을 잃지 않는 것이 중요하다.

이러한 서사에서의 시점은 화자와 표현된 세계 사이의 관계를 나타난다. 시점(視點)은 이야기를 구성하는 인물이나 행위, 배경, 사건 속에서 서술의 초점이 되는 것이다.

시점을 분류하는 방식은 여러 학자들이 다양하게 제시하였는데 그 중에서도 브룩스와 워런이 제시한 4가지 방법이 가장 널리 알려져 있다.

크게 '1인칭'과 '3인칭'으로 나누며, 1인칭은 다시 '1인칭 주인공 시점'과 '1인칭 관찰자 시점'으로 나뉘고, 3인칭은 다시 '전지적 시점'과 '제한적 시점'으로 나뉜다.

'1인칭 주인공 시점'은 주인공 '나'가 자신의 이야기를 하는 경우이다. 인물과 서술의 초점이 일치하며 독자에게 신뢰와 친근감을 준다. '1인칭 관찰자 시점'은 작품 속의 '나'가 관찰자의 입장에서 주인공에 대해 이야기하는 경우이다. 이야기는 '나'의 눈에 비친 대로 전개된다.

또한 '3인칭 전지적(全知的) 시점'은 주인공이 특정한 이름이거나 '그' 또는 '그녀' 등으로 호칭되며 등장한다. 화자는 사건의 전개와 등장인물의 심리, 행동의 동기, 감정 등 모든 것을 알고 있으며 이야기에 개입하여 인물이나 사건을 비평하기도 한다.

다른 하나인 '3인칭 제한적(制限的) 시점'은 '작가 관찰자 시점'이라고도 한다. 작품 속의 특정한 이름이나 '그' 또는 '그녀'가 화자로서 이야기를 전하지만 자신은 단지 관찰자의 입장에서만 이야기를 서술하기 때문에 객관적이며 외부적 사실만을 묘사한다.

극적 효과를 얻기에 적당하며, 뒤에 독자로 하여금 대리 경험을 느끼게 하는 '의식의 흐름'이라는 서술방식으로 발전하였다. 이야기의 성격에 따라 적절한 시점을 선택해야 서사적 긴장을 얻을 수 있는 것은 당연한 것이라 하겠다.

이와 같은 시점(視點)이 기술(記述) 방식에 따른 것이라면 이와는 다른 의미의 시점(時點)은 시간의 흐름 가운데 어느 한 순간을 지칭하는 것으로서 이것 또한 서사를 이루는 중요한 요소가 된다.

또한 다른 측면으로 시간적 위치(현재, 미래, 과거)를 나타내는 범주로 시제(時制)를 표현하는 방식이 있는데, 발화시를 기준으로 하여 결정되는 '절대적 시제'와 전체 문장의 사건시를 기준으로 한 '상대적 시제'가 있다.

'나는 어제 청소하는 친구를 도와주었다'에서 발화시를 기준으로 하면 '도와주었다'가 과거이므로 '청소하는'도 과거지만 전체 문장으로만 보면 '청소하는'은 과거에 있어서의 현재라는 것을 알 수 있다. 다시 말해 '청소하는'은 발화시점을 기준으로 하는 절대시제가 아니라 다른 사건의 발생시점과 상관관계에 있는 상대시제인 것이다.

*탐구과제

1. 다음의 글을 읽고 서사(敍事)에 대해 생각해 보자.

열차에 올랐다. 새마을호 4호차 중간쯤에 있는 좌석이었다. 창 쪽의 좌석에는 고상한 분위기를 갖고 있는 아리따운 여인이 앉아 있었다. 상의를 옷걸이에 걸며 그녀에게 양해를 구했다. 그녀의 미소가 환했다. 그녀는 웃으며 괘념치 말라는 예의를 갖추기도 했다. 수원에서 대전까지 한 시간이 좀 넘는 거리를 그녀와 동행한다 생각하니 절로 기분이 상쾌해지는 듯했다. 그녀는 다소곳이 창밖을 보고 있었지만 이미 대화를 시작할 자세가 되어 있는 것처럼 보이기도 했다. 그러나 나는 금세 마음을 접었다. 열차에 오를 때부터 나는 그와 함께 여행을 하는 것처럼 느껴질 정도로 머릿속은 그에 관한 생각들로 꽉 차 있었기 때문이었다.

무심히 창밖을 보며 생각했다. 그라면 이런 상황에서 어떻게 할까. 아마 서슴없이 대화를 시작했을 것 같은 생각이 들었다. 그는 무척이나 대화를 좋아하는 사람이었다. 사람을 좋아하는 사람이었다. 또 누구에게나 따뜻한 사람이었다. 그런 그가 이런 상황에서 짐짓 점잖은 척 내숭을 떨며 조용히 가고 있을 것 같지는 않았다. 그러나 거기까지일 것이다. 대화만으로도 충분한 시간을 그는 보낼 것이다. 그는 대화를 어떤 수단으로 활용하지 않는다. 더욱이 사람을 어떤 수단으로 생각지는 않는다.

내가 대화를 수단으로 아름다운 여인에게 다가가려 했던 취지하고는 사뭇 다른 태도이다. 그는 솔직하다. 그 솔직함에 가까이에 있던 사람들이 당황하는 일도 몇 번은 있었으리라. 이런 저런 생각들을 하다 보니 냇물을 건너지 못하는 여인을 어떤 스님이 덥석 안아서 냇물을 건네준 고사가 떠오르기도 했다. 그때 동행했던 스님이 절에 돌아가서 여인을 안았던 스님을 나무라는 투로 '불가에 있는 처지로 어찌 그럴 수 있느냐?' 하자 여인을 안았던 스님이 '나는 냇물을 건너자마자 그 여인을 내려주고 왔는데, 스님께서는 여기까지 그 여인을 안고 오셨군요.'라며 껄껄 웃더라는 고사이다. 그와 나를 대비하는 적절한 고사구나 하는 생각이 들어 나도 모르게 헛웃음이 나오기도 하였다.

–「그와 함께 한 여행」 중에서 / 김광기

2. 위의 글을 3인칭 시점(視點)으로 바꾸어 보자.

3 설명의 종류와 적용

설명(說明)은 사물의 본질이나 실재성, 또는 다른 사물들 간의 관계성을 밝히는 진술 방식이다. 또한 설명은 '그것이 무엇이냐?' 하는 질문에 '그것은 무엇이다'라고 대답하며 주제를 명확하게 기술하는 글쓰기 방식이다.

나아가 설명은 논증이나 이야기의 근거를 마련한다. 사물의 진위나 시비를 판단하기 위해서는 먼저 사물에 대한 정확한 인식이 있어야 하기 때문이다.

이러한 설명의 기능을 수행하기 위해 사용되는 방법으로는 '지정' '정의' '비교와 대조' '유추' '분류와 구분' '분석' '예시' 등이 있다.

1) 지정(指定)

지정(指定)이란 여러 가지 설명의 방식 중에서 가장 기본적인 것이라고 말할 수 있는 설명의 방식으로 '그것이 무엇이냐?' 하는 질문에 '그것은 무엇이다'라고 설명하는 기술 방식이다. 지정은 이렇게 대상을 직접 지적하여 다른 것과의 차별성을 드러내 밝히는 보편적인 설명 방식이라 할 수 있다. 사물은 물론 학문의 분야에서도 추상적인 개념을 지정의 방식으로 설명하는 경우가 많다. 쓰고자 하는 글에서 용어에 대한 해석 등을 통해 필요한 정보나 지식을 제공하며 다루고자 하는 범위 등을 명시해 주기 위해서이다.

잘 알려지지 않은 정보 혹은 용어를 지정의 방식으로 설명할 수 있을 것이다. '에코토피아는 ecology와 utopia가 합성된 용어이다'와 '에코토피아는 생태적 이상향을 추구하는 것을 말한다' 등과 같이 설명하는 방식이라 할 수 있다. 이러한 설명은 '에코토피아는 ecology와 utopia가 합성된 용어이여 생태적 이상향을 추구하는 것이다'와 같이 정리될 수 있다. 또 이와 같이 '지정'의 유형은 설명 방식이 같아도 설명의 의미는 다를 수 있다.

2) 정의(定義)

종차를 통해 유개념을 밝히는 설명 방식의 정의(定義)는 글에서 다루고자 하는 대상을 명확하게 규정해 주는 방법을 말한다. 이것은 보통 'A는 B이다'와 같은 형태로 나타내는데, 여기에서 A를 '피정의항'이라 하고 B를 '정의항'이라 한다. 정의항에는 피정의항을 포함하는 유개념(類概念)이 있고, 그러한 유개념 안에서 피정의항이 갖는 특성이나 징표를 밝히는 종차(種差)가 있다.

예를 들어 '무인도는 사람이 살지 않는 섬이다'라는 정의가 있을 때, 여기에서 유개념은 '섬'이고 종차는 '사람이 살지 않는'이라는 내용이 된다. 그리고 이러한 설명의 방식으로 정의를 내리는 데에 있어서는 몇 가지 유의해야 할 사항이 있다.

첫째는 정의하고자 하는 대상이나 개념이 정의항에서 되풀이되어서는 안 된다는 것이다. 예를 들어 '경비는 경비를 하는 것이다'라는 정의는 올바른 정의로 성립되지 않는다. 이 진술은 '경비'에 대해서 아무 것도 명시하는 바가 없기 때문이다.

둘째로 정의항이 부정적인 진술이어서는 안 된다. '노무자란 사용자가 아닌 사람을 말한다'라는 정의는 올바른 정의로 성립될 수 없다. '사용자'가 아닌 사람으로는 노무자 이외에도 다양한 부류의 사람이 있기 때문이다.

셋째로 어떤 대상을 묘사하거나 해석하는 진술은 정의에 해당하지 않는다는 것이다. '호랑이는 털이나 있는 동물이다'라는 진술은 호랑이에 대한 묘사이지 올바른 정의가 아니기 때문이다.

정의(定義)는 지정(指定)의 방식과 함께 일반적으로 가장 많이 쓰이는 설명의 방식이다.

3) 비교와 대조

비교(比較)는 '둘 또는 그 이상의 사물이나 현상을 견주어 서로 간의 유사점과 공통점, 차이점 따위를 밝히는 것'이며, 대조(對照)는 '둘 이상의 대상이 갖는 내용을 맞대어 같고 다름을 검토하는 것'을 말한다. 다시 말해 '비교는 유사성을 가진 사물을 나란히 놓아 설명하는 방식'이고 '대조는 대립성을 지닌 사물을 나란히 놓아 설명하는 방식'이라 할 수 있다. 비교와 대조는 공히 설명의 효과를 높이기 위해 독자들이 잘 알고 있는 다른 사물을 끌어내어 그 대상과 나란히 놓아 설명한다는 것이다.

예를 들어 '김홍도와 신윤복은 조선 시대 화가이다'라고 설명하는 것은 '비교'의 방식이고 '김홍도가 주로 서민적인 풍속을 그리는 화가라면 신윤복은 귀족적인 풍속을 주로 그렸다'라고 설명하는 것은 '대조'의 설명 방식이라고 할 수 있다.

덧붙이자면 두 개 이상의 대상을 설명하는 데 있어 둘 간의 관계를 염두에 두고 공통점과 차이점을 기술함으로써 각 대상의 특성을 드러내는 설명 방식에서 '비교'는 주로 공통점을 나타내고, '대조'는 주로 차이점을 나타낸다.

4) 유추(類推)

유추는 '알려져 있지 않은 사물'을 설명하기 위해 다른 범주에 있는 '잘 알려진 사물'과 비교하는 방식이다. 다시 말해 이미 알고 있는 '기지(旣知)의 것'으로 아직 모르고 있는 '미지(未知)의 것'을 밝히는 것이라 할 수 있다. 유추는 사물들 간의 관계에 대한 인간의 인식을 증진시키고 상상력을 고양시키는 설명 방법이라고 말해지기도 한다.

다음에 예시된 '강아지 걷어차기와 문학하기'처럼 거리가 먼 항목에서 유사성을 발견하여 더욱 더 인식을 증진시키고 상상력을 고양시키는 방식이라 할 수 있다. 그리고 이렇게 상대적 인식의 거리가 먼 항목에서 유사성을 발견한다는 것은 그만큼 상상력과 생각의 범주가 넓고 사고가 활달함을 뜻한다. 또한 유추를 이렇게 자유자재로 활용한다면 보다 더 개성적인 글을 쓸 수 있을 것이다.

억울하고, 분하고, 기분 나쁘고, 참을 길이 없고… 그러나 참을 수밖에 없어서 밖으로 나오는데, 속 모르는 검둥이란 녀석이 꼬리를 치며 반길 때, 나도 모르는 사이에 검둥이를 발길로 걷어찬다. '깨갱!' 영문을 모르는 발길질에 비명을 내지르며 도망을 가는 검둥이를 보면서 마음이 조금은 후련하던 기억이 있을 것이다.

이것이 화풀이의 수사학이다.

감히 우리는 이렇게 말할 수 있다. 문학이란 바로 이 강아지 걷어차기와 같다. 강아지를 걷어찰 이유가 있는 우리들이 글을 쓰고 또 읽는다. 그럴 이유가 없는 사람은 문학을 가까이 하지 않는다.

강아지 걷어차기와 문학 사이에 다른 점이 있다면, 깨갱이라고 비명을 내지르지만, 문학에는 그런 비명이 없다는 차이다. 그것이 화풀이의 구조를 가진 수사학이라는 점에서는 전혀 다를 바 없다.

우리의 삶을 때로 흔들리게 하는 열광이나 통곡, 혹은 환호나 비탄에서부터 가슴 서늘한 어떤 사연에 이르기까지, 그 흔들리는 우리를 세워 주는 언어가 바로 문학이다.

그러기에 문학은 우리 삶의 응어리를 어루만져 주고 찌꺼기를 씻어 내고 멍든 데를 쓰다듬어 평정을 회복케 하는 위안의 묘약이다.

–「강아지 걷어차기와 문학하기」 중에서 / 김대행

5) 분류와 구분

분류와 구분은 흔히 유사한 의미로 인식되어 구분 없이 사용되는 경우가 많지만 각각이 갖고 있는 그 설명적인 의미는 확연히 다른 것이다. '분류(分類)는 여러 개의 대상들을 공통된 성질에 따라 묶는 것'이고, '구분(區分)은 하나의 대상을 그 성분에 따라 나누는 것'이기 때문이다. 예를 들어 '우편물을 지역별로 분류'한다고 말할 수 있고, '드라마를 내용별로 구분'한다고 말 할 수 있다. '분류'가 대상들을 그보다 높은 층위의 공통성에 따라 묶어 나가는 작업이라면, '구분'은 한 단계 낮은 층위의 공통성에 따라 대상을 나누는 과정이라 할 수 있다.

덧붙이자면 분류는 종류별로 묶는 것이고, 구분은 종류별로 나누는 것이라 할 수 있다. '분류'의 측면에서 보면 '개와 고양이는 동물이고 풀과 나무는 식물이다'라고 할 수 있고 '생물은 동물과 식물로 나눌 수 있다'라고 말하는 것은 '구분'이라 할 수 있다. 이렇게 개별적인 다수를 묶어 단순화했다면 '분류'라 할 수 있고, 하나로 묶여 있는 것을 풀어 종류별로 세분화했다면 '구분'이라 할 수 있는 것이다.

6) 분석(分析)

분석(分析)은 어떤 대상을 그 구성 성분이나 근원적 요소들을 분해하여 설명하는 방식이다. 따라서 분석은 대상의 본질과 그것을 이루고 있는 구성요소들 사이의 내적 관련성을 깊이 있게 이해하는 데 도움을 준다. 분석의 방법으로는 물리적 분석, 개념적 분석, 기능적 분석, 인과적 분석 등이 있다.

'물리적 분석'은 구체적인 물리적 대상을 물리적 요소별로 분석해내는 방식이다. 예를 들면 어떤 기계의 부품을 분해하여 설명하는 방식이나 물(H2O)의 성분을 수소(H)와 산소(O)로 분해해서 설명하는 것을 말한다.

'개념적 분석'은 관념적인 대상을 그 관념의 성질에 따라 또 다른 관념으로 분해하듯 설명하는 방식이다. 추상적인 대상의 의미를 하나하나 따지며 살피는 형식이기도 하다. 예를 들면 종교, 철학, 문학, 민족주의, 사회주의 등에서 공통적인 성질을 빼내어 '사상'이라는 새로 만든 관념(觀念)으로 분해하여 설명하는 것이라 할 수 있다. 다시 말하면 부모, 형제, 친구, 자기 자신이라는 개개인에 공통되는 성질, 즉 '인간'이라는 성질에 대한 관념이 만들어졌을 때, 이 관념을 인간의 개념으로 설명하는 것을 말한다.

'기능적 분석'은 대상이 어떻게 작용하는 지를 설명할 때 사용하는 분석방법이다. 전자 부품의 어떤 원리가 전파를 잡아서 음성 혹은 영상을 만드는지 기능적으로 분석하여 설명하는 방식이라 할 수 있다.

'인과적 분석'은 어떤 대상의 원인과 결과를 밝히는 분석방법이다. 예를 들어 역사적인 사건에서 '광주민주화운동은 왜 발생하게 되었는가' '한국은 왜 IMF를 맞게 되었는가' 등의 문제들은 모두

인과적 분석의 대상이 된다. 인과적 분석에서는 무엇보다 원인과 결과를 너무 단순화해서는 안 된다. 인과의 맥락을 너무 단순하게 제시하는 분석은 설득력을 갖지 못하기 때문이다.

7) 예시(例示)

예시는 추상적이고 관념적인 내용을 구체적인 예를 이용해 쉽게 전달하는 것을 말한다. 어떤 관념 혹은 대상에 관한 의미를 전달하는 데에 있어서 쉽게 이해할 수 있는 관련 내용을 예로 보임으로써 대상을 보다 쉽게 전달할 수 있다.

글을 쓸 때 명료하지 않은 부분을 보완하기 위해 예를 들면서 설명을 하는 경우가 있다. 이때에는 예를 든 내용을 주지적으로 설명하고자 하는 측면에서 바라보고 보충설명을 해야 한다. 그렇지 않으면 주지적인 내용의 이해를 돕고자 예를 든 내용이 지엽적으로 분산되어 오히려 더 산만해질 수가 있다.

또 예를 든 내용을 설명하지 않고 지나갈 경우에는 전반적인 내용 자체가 모호해질 수 있기 때문에 예를 든 경우에는 주지적인 내용과 연결되도록 설명을 하고 넘어가야 한다.

4 논증의 조건

논증은 주장의 옳고 그름을 증명하는 언술행위이다. 그리고 글을 작성할 때에 있어서 언술행위로서의 논증은 언제나 설득을 목적으로 한다. 언술행위를 함에 있어서 '주장'과 '반박'이 상충하는 쟁점이 있어야만 비로소 논증은 성립된다.

논증은 객관적이고 단계적인 논리절차를 거쳐야 하며, 이러한 절차가 구체적으로 독자에게 다가가면서 보편성과 합리성을 획득하여야 한다.

논증의 구성요건은 명제의 형태로 제시된다. 앞부분에서 간략하게 설명한 것처럼 명제에는 사실 명제, 가치 명제, 정책 명제 등이 있다. 이를 좀 더 살펴보면 다음과 같다 할 것이다.

첫째로 '사실 명제'는 분명한 사실을 토대로 그 사실의 옳고 그름을 판단하는 명제이다. '삼각형 내각의 합은 180도이다'와 같이 사실적으로 증명된 명제를 말하는 것이다.

둘째로 '가치 명제'는 대상이 지닌 가치를 판단하는 명제로 '김소월은 매우 훌륭한 시인이다'와 같이 '매우 훌륭하다'라는 가치 판단이 나타나 있는 명제를 말한다.

셋째로 '정책 명제'는 '당위 명제'라고도 하는데, 사건이나 문제가 그렇게 될 수밖에 없는 당위적 차원에서 판단하는 명제이다. '쓰레기는 분리 수거해야 한다'와 같이 당위성을 내세운 명제를 말한다. 이러한 명제는 정책을 결정하는 데 많이 사용하기 때문에 정책 명제라 한다.

또한 논증은 언제나 명제에 대해서만 행해진다. 글을 쓰는 사람이 글 전체를 통해서 주장하는 바를 담고 있는 것이 명제라 할 수 있는데, 그 중심이 되는 것을 '중심명제'라 하고, 그보다 작은 단위의 생각을 담고 있는 것을 '보조명제'라 한다.

하나의 보조명제는 또 다른 보조명제를 종속시키고, 그 보조명제는 또 다른 하위의 보조명제를 가질 수 있다. 이러한 보조명제들이 상위의 중심명제들을 지향하면서 전체적인 하나의 주장이 탄생된다. 이것은 글을 쓰는 사람이 궁극적으로 말하고자 하는 주장이라고 할 수 있다.

명제를 논증하기 위해서는 논거가 있어야 한다. 또한 논거는 사실에 근거를 두는 사실논거(事實論據)와 의견에 근거를 두는 소견논거(所見論據)로 나눌 수 있다.

'사실논거'는 구체적이고 현실적인 사실이 주장의 근거로 사용되는 것을 말하며, '소견논거'는 그 분야의 특별한 전문가나 권위자의 의견이 주장의 근거가 되는 경우를 말한다.

사실논거를 할 때는 주어진 자료를 변형하거나 자의적으로 왜곡해서는 안 되며 출처를 분명하게 밝혀야 한다. 그리고 가능한 독자가 공감할 수 있는 일반적인 것을 사용해야 한다.

또 소견논거를 할 때는 소견을 너무 많이 제시하지 않도록 해야 한다. 과장, 왜곡해서도 안 되며 명료한 소견을 사용하되 사용한 소견에 대해서는 반드시 해석을 해야 한다.

논증은 자기와 다른 의견을 가지고 있는 상대방을 설득하는 데 매우 중요한 역할을 한다. 또한 논증을 하기 위해서는 근거들을 적절한 방법으로 제시해야 하는데, 근거들을 논리적으로 제시하는 일은 '추론(推論)'과는 반대의 양상을 보이지만, 그 원리에 있어서는 '추론'과 동일하기도 하다. 전통적으로 잘 알려진 연역법과 귀납법이 그 대표적인 것이라 할 수 있다.

추론은 논증의 정당성 여부를 밝히는 과정으로 연역추리와 귀납추리를 대표적인 추리방법으로 사용한다. '연역추리'는 일반적인 사실이나 진리에서 개별적이거나 특수한 사실을 이끌어내는 방법으로 확실성을 보이는 장점이 있다. 즉 전제들이 참이면 결론은 반드시 참이라는 논리이다.

'귀납추리'는 여러 개별 사실들로부터 일반적인 사실을 이끌어 내는 방법으로 개연성을 보이기 때문에 오류의 가능성이 내재되어 있다.

예를 들어 '참새는 공중을 난다. 까마귀는 공중을 난다. 참새, 까마귀는 새다. 그러므로 모든 새는 난다.'라는 논리에서 개별사실(참새, 까마귀)을 통해 일반사실(모든 새)로 이끌어낸 이 귀납추리는 공중을 날지 못하는 새가 발견되기만 하면 결론이 오류가 된다는 것이다.

또한 논증은 자기의 주장을 논증하는 데 그치지 않고 대부분 상대의 주장에 대한 반박과 함께 이루어진다. 논리적 반박이란 자기주장의 정당성을 말하기 위해 상대 주장의 부당성을 입증하는 일이다.

상대를 반박할 때는 그 주장에 대해 논리적으로 비판해야 한다. 자신이 반박하려는 주장이 어떠한 것인지 정확히 검토도 해야 한다. 반박이 되는 주장을 왜곡시키고 과장하거나 허술한 것으로 바꾸어 반박할 경우 논리적 오류가 발생하기 때문이다.

흔하게 범하기 쉬운 논리적 오류의 예로 '결합성의 오류'와 '분할의 오류'를 들 수 있다.

결합성의 오류란 개별요소들이 어떤 특성을 갖고 있다고 해서 그 요소들로 구성된 복합체도 그 특성을 갖고 있다고 추론할 때 생기는 오류이다. 개인들 한 사람 한 사람이 도덕적이라고 해서 그 사람들로 구성된 사회 또한 도덕적인 사회일 것이라고 한다면 '결합의 오류'를 범하게 되는 것이다. 국회의원 한 사람 한 사람이 똑똑하고 현명하다고 해서 그들이 모인 국회에서 현명하고 지혜로운 결정만 내리게 될 것이라고 생각한다면 오류가 발생할 수 있다.

이에 비해서 '분할의 오류'는 전체가 어떤 특성을 갖고 있다고 해서 그 부분이나 요소들도 그러한 특성을 갖고 있을 것이라고 추론할 때 생기는 오류이다. 결합의 오류와는 반대로 전체를 구성한 사회가 도덕적이라고 해서 거기에 속한 사람 모두가 도덕적일 것이라고 생각하는 오류인 것이다. 예를 들면 종교 단체가 도덕적이고 신앙적이라 해서 종교 단체에 속한 모든 사람이 그렇다고 생각하면 오류가 발생할 수 있다는 것이다.

이외에도 여러 가지 오류가 있을 수 있는데, 오류란 추론의 형식을 제대로 지키지 않거나 명제와 논거를 잘못 진술하며 사용하는 것에서 빚어지는 논리적인 잘못을 말한다. 전자를 형식적 오류라고 하고 후자를 비형식적 오류라고 한다.

논증이나 설득의 글에서 오류가 있을 경우에는 글 자체의 타당성과 신뢰성에 문제가 생기기 때문에 글을 쓸 때는 세심한 주의를 기울여 오류를 범하지 않도록 해야 한다. 좀 더 자세한 오류의 문제는 뒷부분에서 좀 더 상세하게 다시 살펴보기로 한다.

*탐구과제

1. 다음의 글을 읽고 설명의 방식에 대해 생각해 보자.

십여 년 전만 해도 사이버 공간이 이렇게까지 확대될 줄은 짐작도 하지 못했다. 우리나라의 인터넷 파급 속도와 사이버 공간에서의 활동력은 급속도로 변화에 변화를 거듭해 오고 있다. 이제는 사이버 상의 온라인과는 대칭적인 의미로 사용되고 있는 바깥세상인 오프라인보다도 더 광범위하게 발전할 가능성을 지닌 공간으로 인식되고 있다. 다시 말해 사이버라는 가상공간이 아닌 온라인이라는 실제공간으로 명실상부 자리매김하고 있다는 것이다. 하지만 이곳에서 활동하는 사람들의 실존적인 인식은 아직 희박하다는 생각이 든다. 바꿔 말하면 사이버에서 활동하며 실재적인 인식을 하고 자신의 정체성을 확인하는 것이 사이버 인격이라고 할 수 있는데, 아직도 많은 사람들이 사이버 상에서 인격적인 인식을 제대로 하고 있지 않다는 것이다.

사이버 상에서의 인격은 주로 사이버 상에서의 글쓰기를 통해 나타나고 있는데, 글을 쓰면서 그 사람의 본성이 그대로 드러나기 때문에 여타 상업적인 활동이나 미디어 활동보다도 인격적인 측면이 더 두드러져 보인다. 이러한 글쓰기에서 사이버 인격의 문제가 많이 발생하고 있는 실정이다. 이는 요즘 들어 이슈가 되고 있는 미네르바 사건만 봐도 잘 알 수 있다. 인터넷 논객으로 센세이션을 일으켰던 '미네르바'가 검찰에 구속된 일을 놓고 설왕설래 말이 많다. 한 시민이, 구체적으로는 한 네티즌이

닉네임을 사용하며 가상공간에서 문필활동을 한 것이 구속사유가 되느냐의 논란이다. 또한 이번 사건은 유명 연예인들에게 자살충동까지 갖게 했다는 악플 사건으로 제기되었던 사이버모욕죄의 신설을 다시 가동시킨 요인이 되고 있다.

사이버모욕죄를 신설해야 한다는 측의 주장은 사이버 상에서 익명성을 이용하여 근거 없는 인신공격을 하는 것을 더 이상 방치할 수 없다는 상황인식에서 출발한다. 사이버 상에서의 모욕 피해는 신속한 파급력과 법익침해의 중대성, 피해구제의 어려움 등으로 여파가 크기 때문에 위법한 행위가 발생할 경우 이에 대한 규제가 필요하다는 것이다. 이와는 다르게 사이버모욕죄 법 제정을 반대하는 측에서 주장하는 것은 사이버 상에서의 문제를 피해자가 고소나 고발을 하지 않아도 검찰이나 경찰 등이 임의로 수사를 할 수 있기 때문에 네티즌들이 정부 정책이나 대통령 등을 비판하는 글을 올릴 경우에는 처벌을 받을 수 있다는 것으로, 이는 국민들이 인터넷을 통해 의견을 표출할 수 있는 자유를 억압할 소지가 있다는 것이다.

법 제정을 앞에 두고 여야가 첨예하게 대립되고 있는 상황이기도 하다. 하지만 이러한 문제는 법보다는 우선 네티즌의 인식을 바로하게 하는 시스템의 구조를 마련하거나 사이버 공간에서의 인식 변화를 유도할 수 있는 캠페인이나 교육 등이 각처에서 이뤄졌으면 하는 바람이다. 그리고 먼저 사이버에서의 익명성부터 거둬내는 것은 어떨까 한다. 사이버에서 이뤄지는 익명성은 오프라인과는 다른 별개의 자기상징 캐릭터를 설정해 놓고 현실에서는 이룰 수 없는 것을 사이버에서는 이룰 수 있다고 인식하는 위험성을 내포하고 있다. 이것은 지킬박사와 하이드처럼 선과 악을 동시에 가지며 활동할 수 있다는 위험성까지는 못 미치더라도 최소한 현실과는 다른 캐릭터로 사이버에서는 활동할 수 있다는 인식을 할 수 있게 한다.

하지만 무엇보다도 우선되어야 할 것은 사이버 공간도 우리가 만든 현실공간이라는 것을 인식해야 한다는 것이다. 이제 사이버 공간은 더 이상 가상공간이 아니다. 실제 다각적인 활동을 할 수 있는 우리의 현실적인 공간이다. 이곳에서 현실과 다른 말을 쓰며 다른 행동을 할 수 있다고 생각해서는 안 될 것이다. 한 사람의 인격이 상황에 따라 달라질 수는 없다. 오프라인에서 문제가 되는 말들은 온라인에서도 문제가 된다고 생각해야 한다. 사이버 공간에서의 인격은 바로 그 사람의 인격이기 때문이다.

–「사이버 공간에서의 인격」/ 김광기

2. 설명방식에서 '지정'과 '정의'의 차이점을 말해보자.

3. '아바타'나 '에코토피아' '패러다임' 등을 정의해 보자.

4. 사물의 의미에서 거리가 먼 개념 두 가지를 찾아 유추해 보자.

5. 근래에 상영된 영화들을 장르별로 구분해 보자.

6. 인문학의 위기에 대하여 분석해 보자.

7. 각각의 요소들에서 쟁점을 찾아 토론해 보자.
(트랜스젠더, 혼전동거 등)

제4장 논리, 논술

1 논술이란 무엇인가

1) 논술과 논리의 개념

학습은 그 분야의 용어를 이해하는 것에서부터 출발한다. 이 말은 상대적으로 모든 학문을 탄생시키는 첫 단추가 용어를 올바르게 세우는 것에서부터 출발한다는 의미와 같다. 또한 용어는 드러내고자 하는 내용의 함축적인 의미이며 설명하고자 하는 대상의 핵심을 상징적으로 보여주는 결정체이다. 때문에 용어를 이해하는 것은 학문에 처음 진입하는 필수 과정이라고 할 수 있다.

논술을 이해하는 것도 마찬가지이다. 논술이라는 용어의 의미를 알고 더 나아가서 논술의 의미를 이루는 부차적인 용어에 관한 의미를 찾아 차츰차츰 범위를 넓혀가다 보면 논술의 전반적인 의미를 쉽게 이해할 수 있다.

논술(論述)에서의 논(論)은 논술(論述), 논설(論說), 토론(討論) 등의 개념으로 확장되어 왔다. 논(論)이란 말은 공자의 말씀을 제자들이 집대성한 것으로 알려진 논어(論語)에서 처음으로 쓰였다. 그러니까 논문(論文), 논술(論述) 등으로 인식되는 논(論)이란 말은 논어에서 비롯되었다고 할 수 있는데, 이는 당시에 경(經)을 해

독하는 말씀이나 글을 일컫는 것이었다.

논어는 유교 경전인 사서(四書 : 논어, 맹자, 대학, 중용) 삼경(三經 : 시경, 서경, 주역) 중의 하나로 공자와 그의 제자들의 언행을 적은 것이다. 공자 사상의 중심이 되는 효제(孝悌)와 충서(忠恕) 및 인(仁)의 도(道)에 대하여 설명하고 있다.

논이란 말을 풀어보면 言+人+一+册=論이라 할 수 있는데, 이러한 논(論)은 ㉠논(의)하다 ㉡서술하다 ㉢말하다 ㉣언급하다 ㉤따지다 ㉥문제 삼다 ㉦문제시(問題視)하다 ㉧토론하다 ㉨중시하다 ㉩평가하여 결정하다 ㉪의견 ㉫견해 ㉬학설 ㉭문체의 이름인 조리(條理(윤, 륜))의 뜻을 가지고 있다.

책을 모아 읽고 생각하여 여러 사람과 의견을 교환하며 정리하여 말한다(言)는 뜻이 합하여진 말로 중심적인 의미인 '논의하다'를 뜻한다고 할 수 있다. 즉 조리(條理)를 세워서 다각적으로 말하는 것이다. 영어로는 논술이란 말이 Discuss(토의하다, 의견을 나누다 / discussion=토론)로 동양적인 한자 풀이의 의미와 유사하다는 것도 생각해 볼 수 있다.

또한 모든 논의의 원리인 논리를 Logic이라고 말해 왔는데, 이는 Logos(이성)라는 의미와 통한다. 로고스는 철학적 이성으로 말, 언어, 논리, 이성이라는 뜻을 가지고 있다. 말씀(신의 말씀, 계시)을 분별하는 이성으로 이야기의 원형이 되며, 이는 논(論)이라는 말의 의미와 통한다고 할 수 있다. 말의 형태는 서로 다르지만 사유가 진행되는 원리인 생각의 흐름은 동서양이 서로 다르지 않음을 짐작할 수 있는 부분이기도 하다.

논(論)을 다스리는 방식이라 할 수 있는 동양에서의 말, 언어, 논리, 이성(理性)의 개념을 살펴보면 '리(理)'는 근본적으로 성(性)을 다스리는 것에서부터 출발한다. 성(性)은 본(本)이요, '리(理)'는 다스림이라 일컬어진다. 이를 성리학(性理學)의 개념에서 살펴볼 수 있다.

성리학은 일명 주자학으로 이(理)와 기(氣)의 개념을 구사하면서 우주의 생성과 구조, 인간 심성의 구조, 사회에서의 인간의 자세 등에 관하여 깊이 사색함으로써 형이상학적, 내성적(內省的), 실천 철학적인 여러 분야에서 새로운 유학사상을 수립하였다.

그 내용은 크게 나누어 태극설(太極說), 이기설(理氣說), 심성론(心性論), 성경론(誠敬論)으로 구별되며, 조선시대의 '이황(李滉)은 주자의 성리학 체계를 따라 집대성한 주리론(主理論)'으로 이기이원론(理氣二元論)을 펼쳤고, 조선시대 성리학의 쌍두마차 중의 또 하나라고 할 수 있는 '이이(李珥)는 주기론(主氣論)'을 발전시켜 이황의 주리적 이기이원론과 대립하였다.

'리(理)'가 다스림이라는 의미로 인성을 가꾸는 철학적 범주를 형성했다면 성(性)은 사람의 마음과 생각을 다스리는 시원의 출발점이다. 또한 성(性)을 다스리는 것으로 동양에서는 도(道)를 최고의 덕목으로 삼았다. 인간이 지녀야할 중심덕목으로 성(性)을 다스리는 것을 도(道)라고 말한 중용의 서두 부분을 살펴본다.

天命之謂性 率性之謂道 修道之謂教
천명지위성 솔성지위도 수도지위교

천명지위성(天命之謂性)은 '하늘이 命한 것을 性(성품, 성질, 생명, 목숨)'이라 한다는 말씀이고, 솔성지위도(率性之謂道)은 '성(性)에 따르는 것을 도(道)'라 하는 말씀이고, 수도지위교(修道之謂教)는 '도(道)를 닦는 것을 교(教)'라 한다는 말씀의 중용 33장 제1서두이다.

천명지위성(天命之謂性)에는 성(性)은 하늘이 낸 것이기 때문에 인간에게 있어서 최초의 본질적인 것으로 인간의 힘으로는 바꿀 수 없는 것이라는 의미가 내포되어 있으며, 솔성지위도(率性之謂道)에서는 그러한 성(性)을 따르고 다스리는 것을 도(道)라 한다고 했다. 또한 수도지위교(修道之謂教)는 이러한 도(道)를 닦고 익히고 기르는 것을 교(教)라 한다는 의미가 있다. 여기에서의 교(教)는 단순한 가르침으로서의 의미가 아니라 종교적이고 집단적인 교(教)의 의미가 있음을 생각해 볼 수 있다. 그리고 더 주목해 보아야 할 것이 도(道)라는 의미이다.

도(道)는 인간이 이뤄야할 중심적인 덕목으로 동양의 도덕이나 예술에서 그 중심을 흐르는 것이다. 가장 근원적인 원리 원칙이다. 도덕적으로는 유교(儒教), 예술적으로는 노장사상(老莊思想)이 그 발달에 중요한 역할을 하였다.

노자는 우주 간에 존재하는 일종의 이법(理法)을 도(道)라 하며,

무위(無爲)의 치(治), 무위의 처세훈(處世訓)을 말한 『도덕경(道德經)』으로 도를 말한다.

장자는 종횡무진한 상상과 표현으로 우주본체(宇宙本體), 근원(根源), 물화현상(物化現象)을 설명한 저서 『장자(莊子)』를 통해 도를 구현해야 만이 훌륭한 예술작품도 비로소 태어날 수 있다고 한다.

또한 노자는 도덕경 제1장에서 도가도비상도(道可道非常道) 명가명비상명(名可名非常名)이라 했다. 도는 스스로 그러한 것이기 때문에 따르려 하고 이루려 할 뿐이지 어떤 넘어설 단계는 아니라고 풀이할 수 있다. 이름, 명성 또한 마찬가지다. 우리가 우리 이름과 명성을 그리고 명예를 설정할 수는 없다는 것이다. 도(道)를 이루면서 사람이 얼마나 겸허해야 하는 지를 생각해보게 하는 부분이라 할 수 있다.

이렇게 사람이 추구하는 어떤 경지가 도(道)라고 할 수 있는데, 도는 넘어서는 경지가 아니라 통(通)하는 것이라 볼 수 있다. 그래서 우리가 흔히 도통(道通)한다는 말을 하고 있는지도 모른다. 시쳇말로 도를 통하면 도사라고 말하고 있는데, 도통한 도사를 동양에서는 신과 내통하는 인물 정도로 생각해오고 있었다. 그만큼 도는 통하기 어려운 경지라는 것을 짐작할 수가 있다. 그리고 서양에서는 이러한 경지에 도달한 사람을 초인(超人)이라 부르기도 하며 도(道)를 형이상학적 방법으로 접근해 오고 있었다.

형이상학(形而上學)은 사물의 본질이나 존재의 근본원리 따위를 사유나 직관에 의해 연구하는 학문이다. 아리스토텔레스의 철학서 제목 『형이상학(形而上學)』에서 유래되었는데, 베르그송이나 하이데거 등이 형이상학 부흥을 이루기도 하였다. 이러한 형이상학(形而上學)은 그릇과 가둠과 경계가 없는 무형(無形)학이라 할 수 있다.

동양철학의 모태라 할 수 있는 주역에서는 형상이전의 것으로 도(道)라 하고 형상이후의 것을 기(器)라 하였는데, 형이상학은 도(道)와 같은 무형학이라 할 수 있고 기(器)는 형이하학과 같은 유형학이라 할 수 있다.

간단하게 동양 철학의 모태라 할 수 있는 주역(周易)을 살펴보면 주역을 역경(易經)이라고도 하는데, 우주세계에 관통하는 것은 세 가지의 법칙, 즉 세 가지의 원리에 의해 이루어진다는 것에서 출발한다.

첫째는, 세계는 끊임없이 변화한다(變易 – 우주는 수시로 변한다)는 것이고, 둘째는, 끊임없이 변하는 우주 속에는 하늘과 땅의 위치처럼 변하지 않는 불변의 법칙이 있다는 것(不易)이다.

그리고 마지막으로 세계는 음양의 대립(우주 이원적 대립)으로 전화(轉化)한다는 것이다.

여기에서의 전화(轉化)는 단지 형태적으로 바뀌는 것이 아니라 질적으로 바뀌어 달라진다는 의미를 갖고 있다.

이러한 세 가지의 의미를 바탕으로 나뭇가지 세 개를 꺾어 땅에

던져서 방향과 앞뒤를 살펴보며 행로를 정하는 데서 효(爻)와 괘(卦)가 형성되었다.

또한 주역에서 말하는 유형학이라 할 수 있는 기(器)와 같은 형이하학(形而下學)은 형체가 있는 사물에 관한 학문으로 물리학, 식물학 등의 자연과학을 탐구하는 것이라 할 수 있다.

형이상학적인 서양에서의 중심논리는 변증법적으로 발전 진화되었다. 변증법은 대화술, 문답법으로 소크라테스에 의해 전개된 것이다. 이것이 선험적 가상의 잘못을 폭로하고 비판하는 가상의 논리학이라는 뜻으로 풀이하며 변증법에 다시 중요한 의의를 부여한 칸트를 거쳐 헤겔에 이르러서는 변증법이란 인식뿐만 아니라 존재에 관한 논리로 생각하기 시작했다. 그는 인식이나 사물은 정반합의 3단계를 거쳐 전개된다고 하였다.

헤겔의 정반합에 있어서의 정(正)은 즉자(卽自) 단계로 그 자신 속에 모순이 포함되어 있으나 그 모순을 알아채지 못하는 단계를 말하며, 반(反)은 대자(對自) 단계로 그 모순이 자각되어 밖으로 드러나는 단계를 말한다. 그리고 합(合)의 단계는 즉자 겸 대자의 단계로 겉으로 드러난 모순이 서로 부딪치거나 충돌하면서 합의(合意)를 이루는 것을 말한다.

뒷부분에서 좀 더 자세하게 설명되겠지만 우선 주목해야 할 것은 즉자는 물론 대자, 합의 단계에서도 갈등이나 충돌의 대상이 자기 자신이라는 것이다. 타자와 부딪치며 갈등하거나 충돌하는 것이 아니라 자기 스스로의 안에서 다른 생각끼리 갈등하고, 내재적 갈등 속에서 의 극복, 갈등 속에서의 해소를 통해 더욱 더 발전 심화된다는 것이다.

논술은 이와 같은 원리로 문제를 풀어가는 과정이라 할 수 있다. 논술을 하는 데 있어서의 타자라는 측면은 논의의 문제를 다양화시키며 자신의 의견을 강화하는 데에 쓰이는 논증적 수단일 뿐이다.

이러한 변증법적 논리 외에 논리를 세우는 큰 갈래로 삼단논리라 할 수 있는 연역적 논리와 일반화의 논리라 할 수 있는 귀납적 논리가 있다. 이것은 좀 더 자세하게 뒷부분에서 다루기로 하고 지금부터 차근차근 논술 방법에 대해 접근해 보기로 한다.

2) 논술과 토론 기법

논술을 하기 전에 먼저 토론의 방법부터 생각하는 것이 좋다. 논술은 글로 논리를 세워서 자신의 의견을 개진하는 것이고, 토론은 말로 논리를 세워서 자신의 의견을 개진해 나가는 것이라 할 수 있다.

논술하는 데 있어서의 논리라는 것은 궁극적으로 자신의 생각 줄기라 할 수 있기 때문에 먼저 생각부터 다듬는 것이 무엇보다 우선되어야 한다. 그리고 생각을 정리할 때는 제대로 된 문장의 구성보다는 말로 하는 언어구사가 훨씬 더 빠르기 때문에 단편적인 의견을 언어구사로 순간순간 빠르게 정리해 볼 수 있다.

가장 바람직한 상황을 다양하게 구성해 놓고 토론의 요소요소를 짚어 생각의 전체를 아우르는 게 바람직하다. 그리고 차근차근 글로 옮기는 것이다. 그렇게 하면 좀 더 완벽한 논리를 갖춘 자신만의 문장을 얻게 될 것이다.

① 주제(논제) 파악하기

논술이나 토론을 하기 전에 먼저 논제에 대해서 충분히 생각하고 자신의 입장을 정리해야 한다. 이때에는 비판적 입장으로 사물 혹은 대상의 옳고 그름을 가려서 판단하여 논쟁점을 발견해야 한다.

② 논술과 토론의 기본은 듣기와 말하기이다.

듣기와 말하기의 과정에서는 조금이라도 더 다각적인 측면을 생각해야 한다.

다각적인 방법으로 생각해 보는 방식 몇 가지를 살펴본다.

먼저 4각의 모형의 틀을 생각해 보자.

정방형의 사각형을 좌우상하로 두 번씩만 그어 놓으면 정방형 안에는 작은 사각형이 아홉으로 나누어지게 된다.

그런 평면도에서 그 안에 내재되어 있는 사각형은 몇 개나 있는지를 파악해 보는 것이다.

언뜻 보면 아홉 개로 보였던 이 사각형 안에는 작은 사각형을 포함하고 있는 더 많은 사각의 형태가 있음을 알 수 있다.

겹친 사각형까지 모두 체크해보는 방법으로 문제가 주어지면 문제 안이나 또는 문제의 방향 혹은 문제를 포함하고 있는 여러 상황을 모색하여 그만큼 다양하게 보고 해석해야한다는 것이다.

또한 이렇게 좀 더 폭이 크고 다양한 개인적인 논리의 틀(paradigm)을 형성해 놓는다는 것은 그만큼 합리적이고 어떠한 결론에 도달하는 개인의 분석력이 좋다는 것을 의미하기도 한다.

다음으로 프랙탈(fractal) 이론을 생각해 볼 수 있다.

프랙탈 이론은 '부분은 전체를 반영한다'는 이론으로 언제나 부분은 전체를 닮고 유사성과 소수차원을 특징으로 갖는 현상을 말한다.

1975년 '만델 브로트'에 의해 명명된 이러한 이론은 '환원주의'를 낳게도 하였다. 환원주의는 부분을 통해 전체를 이해하려는 이론으로 '부분의 합은 전체와 같다'는 명제를 기반으로 한다. 복잡하고 추상적인 사상이나 개념을 단일 레벨의 더 기본적인 요소로부터 설명하려는 입장이다.

이러한 원리를 바탕으로 작은 것 하나하나를 부분적으로 충실하게 채워나가다 보면 크고 강한 전체를 얻을 수 있을 것이다.

하나 더 예를 들면 노드(node)와 링크(link)의 관계로 관념을 연결시키는 것을 생각해 볼 수 있다.

노드는 생각이나 관념을 매듭으로 설정하여 링크하고자 하는 것으로 인접성이나 유사성의 생각을 확장시키는 것이라 할 수 있다.

인접성은 환유의 원리로 산문적인 글을 쓰고자 할 때 중요하게 작용되는 것이지만 간단하게 설명하면 '고향'을 생각할 때 '어머니'나 또 다른 주변적인 요소인 '강이나 저수지' '산' 등이 연결되는 것들을 말한다.

유사성은 은유의 기본적인 원리로 원관념과 보조관념의 유사적인 의미를 근거로 한다. '내 마음은 호수요'라는 시구에서 '나'는 원관념이고 '호수'는 보조관념이다.

이러한 관계에서 '나는 벽돌이다'라고 했을 때 '나'와 '벽돌' 사이의 유사적 거리는 상당히 멀어 보인다. 하지만 중간에 유사한 의미를 가질 수 있는 '물'과 '흙'과 '모래' '시멘트' 등 몇 개의 의미가 있는 말들이 놓인다면, 그리고 그 중간 중간 낯선 의미 사이에 친숙한 의미 몇 개가 더 링크된다면 '나'와 '벽돌'의 관계가 그렇게 멀거나 무관해 보이지 않게 된다.

이렇게 가까운 거리에 있는 원관념과 보조관념의 관계는 친숙할 수 있지만 참신하지 않을 수 있고 원관념과 보조관념의 관계가 멀면 낯설지만 참신하게 느낄 수 있기 때문에 두 가지를 잘 조정하여 어떤 상황이나 생각들을 정리해서 좋은 글이 나오게 할 수 있다.

이외에도 다음의 요소들은 꼭 유념해 두어야 할 내용들이다.

일상에서 접하는 말하기와 듣기, 정보수집, 다각적인 분석을 적극적으로 하는 태도가 필요하다. 그리고 자기가 생각한 것(표현)

에 책임지는 태도가 있어야 한다.

남의 의견에 귀를 기울이며 그 내용을 비판적으로 수용하고 상대 입장과 의견을 존중하는 태도(똘레랑스)를 가져야 한다.

그러한 바탕에서 이야기의 중심 내용과 보조 내용을 잘 구분해야 한다. 가지만 잡고 논점을 흐리게 해서는 안 된다.

③ 설득에 성공하는 기본 전략을 살펴본다.

먼저 3요소를 통해 설득 혹은 공략해야 한다.

사실(증거), 논거(사실의 해석), 주장(결론)의 단계에 따라 공략한다.

그리고 객관성을 확보해야 한다. 아전인수 격으로 몰아가서는 안 된다. 상대 혹은 보편적 논리의 허점을 공격하는 것도 염두에 두어야 한다. 어떠한 논리에도 허점은 있기 마련이다.

그렇게 적극적으로 반박한 후에 내가 주장하는 방향으로 논의를 전환시켜야 한다.

④ 설득의 명수가 되는 몇 가지 기술은 반드시 연마해 두어야 한다.

논리적으로 설득하는 기술(사실 논거 주장),
연역과 귀납을 효과적으로 사용하는 기술
(연역-삼단논법, 귀납-개별적 사례 전제, 일반적 사실로 결론도출),
논리성을 단련하는 기술(변증법, 유비추론),
논리적 사고력을 키우는 기술(연역, 귀납, 변증법, 유추),
직관을 논리화하는 기술이다.
(연역, 귀납, 변증법, 유추 등을 택일하거나 융합)

⑤ 다음은 설득에 실패하는 사람의 유형들이다.
잘 살펴서 꼭 개선해야 한다.

첫째로, 논점이 명확하지 않은 유형이다.
무엇에 대한 주장인지, 무엇에 대한 반박인지를 생각해야 한다.
둘째로, 서론을 지루하게 늘어놓는 유형이다.
서론은 전체 분량의 1/5를 넘어서는 안 된다.
셋째로, 자기주장이 불분명한 유형이다.
서설이나 설명이 장황하여 길(논점)을 잃는 경우이다.
넷째로, 감정에 치우치는 유형이다.
사소한 일에 질색하고 맞서는 유형인데, 절대 그래서는 안 된다.
다섯째로, 상대방을 조소하거나 비방하는 유형이다.
이러한 경우도 절대 금지해야 할 사항이다.

이와 같은 사항을 미리 대비해 두고 여기에 유창함과 유연함만 있다면 토론이나 논술을 하는 데 있어서의 어려움은 별로 없을 것이다.

또한 유창함과 유연함은 평소의 훈련을 통해 얻을 수 있다.

유창함(fluency)은 사물이나 대상에 대해 수많은 관련성을 빠르게 제시할 수 있는 능력을 말한다. 특정한 관념이나 관련된 이미지를 빠르게 찾아나가는 훈련(어머니, 고향, 강, 산, 들)으로 향상시킬 수 있다.

유연함(flexibility)은 상식을 뛰어넘는 비상한 해결책을 제시할 수 있는 능력으로 사물이나 대상의 용도를 주어진 시간 안에 모두 찾아내는 훈련이 필요하다.

예를 들면 '핸드폰=넥타이'라는 전제에서 '핸드폰+목걸이=넥타이'라는 결합의 요소 안에서 관련성을 확보해 나가는 것이다.

2 자아와 세계

1) 자아와 세계의 경계

자아(自我)는 세계의 본연(本然)이다. 자아는 소우주이고 세계는 대우주이다. 이러한 관계에서 모든 것은 '나'로부터 시작된다. 내가 있고, 내가 눈을 뜨고 세상을 보고서야 삼라만상(森羅萬象)의 모든 물상이 존재한다는 것을 알게 된다. 더 나아가서는 만물 개개의 존재가치가 가늠되기 시작하고, 그것들과 내가 이 세상에 함께 공존하고 있다는 것을 인식하게 된다.

그러한 '나'와 또 그렇게 보이는 '세계'의 경계(선)는 어떻게 설정되어 있는 것인가. 우선은 간편하게 '나'를 제외한 모든 영역을 '세계'의 범위로 설정해 볼 수 있다. 철저하게 '나'만을 고립시켜 놓은 상태를 나의 영역으로 보고, 나머지 '나'를 둘러싸고 있는, '나'의 눈에 비치는 모든 것을 '세계'의 영역으로 보는 것이다.

그러나 이러한 본질적인 나와 세계의 경계 인식만으로 사람은 스스로 존립할 수조차 없다. 사람은 모든 사물과 더불어 존재해야 하기 때문이다. 사람이 다른 대상들과 함께 하지 못한다면 사람의 존재가치는 무의미한 것이 될지 모른다. 그래서 사람은 모든 사물들과 함께 존립하기 위해 세계를 인식하려 한다. 자아를 생성시키는 스스로의 영역에서부터 출발하여 자신의 경계를 조금씩 넓혀 가며 세계를 인식해 가는 것이다.

기본적으로 자신의 경계를 넓히고자 할 때는 세계를 조금씩 자아 속에 품어야 한다는 것을 생각지 않을 수 없다. 궁극적으로 세계와 나는 하나가 되어야 한다는 목표를 가져야 한다. 그래야 '나'라는 소자아는 세계를 품은 대자아로 거듭날 수 있기 때문이다. 이렇게 하기 위해서는 내 눈밖에 있는 세상의 것을 내 안으로 하나하나 품어야 한다.

이때 선행되어야 할 것이 사물의 개념화라 할 수 있다. 자아가 확립되고 자아가 제대로 인식되었다면 세계 속에 있는 사물들의 개념을 인식하고 낱낱의 개념들 속에서 어떤 것을, 어떤 대상들을 내 것으로 만들 것인가를 고민하지 않으면 안 된다.

그리고 그것들의 본질을 흡수하여 자기화(自己化)하는 것이다. 그렇게 되면 사물과 대상들을 흡수한 만큼 자신의 영역이 증대한다 할 수 있을 것이다. 그렇게 조금씩 더 나아가서 급기야는 세계를 품고 있는 자아를 형성하게 된다. 또한 자아와 세계는 대립되는 것이 아니라 공존하는 것이라는 것을 알게 된다.

2) 자아의 경계 구축

자아의 확립은 대체로 자기중심으로 인식되는 것에서부터 출발한다. 내가 있고 '나' 이외의 모든 것은 세계가 되는 것이다. 여기에 필요한 사물의 가치가 다양하게 개입되어 '나'의 영역은 탄탄하게 구축되어 간다. 때로는 이러한 자기중심의 자기화가 강화되어 강한 에고(ego)가 탄생되기도 한다.

이러한 에고는 자기중심이 강하여 공격적인 이기주의로 변모하기도 한다. 이 세상에는 오직 자기 자신의 가치만이 존재하는 것이다. 다른 존재는 감정도 존재이유도 없는 무가치한 존재로 인식되기에 이른다. 그렇지 않다는 것을 지각하면서도 강한 에고는 구태여 그것을 인식할 필요가 없다고 합리화할 것이다.

이것은 사람이 세계의 본연으로서의 자기중심이 아니라 이기적 자기중심이 되는 것이다. 이것을 혹자는 생존을 위한 자기 세력의 확장이라고 풀이하기도 한다. 끊임없는 도전과 이에 따르는 응전으로 인간의 문화는 점차 진화한다는 것이다.

하지만 현대는 이러한 이기적 자기중심만으로 이 세상을 살아가기는 힘들다. 세상은 더불어서 이성적으로 또는 합리적으로 살아가야 하기 때문이다. 그래서 현대의 사람들은 올바른 가치관과 세계관을 확립하려 한다. 그리고 이렇게 하기 위해 나 이외에 비쳐지는 세계 속에서 '나'의 영역으로 끌어들일 대상과 그 개념들은 무엇일까를 생각하게 된다.

우선 '나'라는 객체는 가장 가까운 사람들을 개념화하여 자기 안으로 끌어들인다. 먼저 '어머니'라는 대상을 '정' '그리움' '보고픔' '사랑' '헌신' '안타까움' '존재의 의미' 등으로 개념화하여 내 안으로 끌어들이는 것이다. 그리고 '아버지'라는 대상을 어머니와 비슷한 개념으로 설정하여 끌어들이고, 형제자매를 유사개념으로 자기화한다. 그리고 이렇게 '가족'이라는 영역을 내 안으로 끌어들임으로써 사람들은 어느 정도 '우리'라는 자기 자신이 중심이 된 테두리를 구축한다.

이 테두리가 바로 자기화의 테두리일 것이다. 또 여기에서 자기화가 끝난다면 그것은 참 단순하고 단세포적인 것이라 아니할 수 없다. 여기에 더하여 결혼 상대자가 동일하게 인식될 수 있고, 더 나아가서는 친구 또는 동료, 동지 등이 '우리'라는 이름으로 테두리에 속하게 된다. 그리고 그 범위는 점점 더 확대된다. 가까운 것부터 차례로 동일화하여 영역이 확장되면 마침내 세계는 자기 안에 존재하게 된다. 소우주 안에 대우주가 존재하게 되는 것이다.

3) 세계의 인식과 범위

'나'의 영역이 어느 정도냐에 따라 그 사람의 세계관 혹은 세계인식이 달라질 수 있다. 자기 주변의 모든 것을 '나'라는 영역 안에 넣고 바라보는 세계가 크고 넓지 않을 수 없다. 내 안에 있는 모든 사람들의 눈이 바로 내 눈이 될 수 있기 때문이다. 또 내 안에 있는 그들이 봐야할 시계(視界)도 내 안에 함께 있기 때문이다.

세계관이라고 하면 세계의 바깥쪽에서 세계를 대상적(對象的)으로 바라보면서 이해하는 것이 아니라 그 자신이 세계를 구성하는 한 부분임을 인식하는 것이다. 인간도 현실세계의 움직임 속에 존재하는 것이며 더불어 모든 행위를 함께 창조함으로써 언제나 새로운 세계는 함께 창조되어 간다는 것이다. 이렇게 세계관은 끊임없이 변화되어 나아간다. 또 이러한 세계관의 개념을 바탕으로 세계인식을 하게 되면 그 세계는 넓을 수도 있지만 그 세계가 가까이 있다는 것을 감지하게 된다.

나와 세계는 따로 있지 않다. 이것은 동양사상의 기저를 이루는 물아일체(物我一體) 사상과 무관하지 않다. 내가 세계 속에 있어야 참 '나'를 발견할 수 있고 끊임없는 '나의 세계'는 열릴 것이다. 다시 말해 나와 세계가 따로 있지 않다는 것을 인지하여야 한다는 것이다.

그리고 그 세계관을 더욱 넓혀야 한다는 것이다. 사랑과 헌신적인 봉사로 일생을 보낸 테레사 수녀의 세계관과 지금 현재 나의 세계관과는 어떤 차이가 있을까. 또는 역사적으로 위대함을 달성한 선현들과 나의 세계관은 어떤 차이가 있을까를 생각해보지 않을 수 없다.

*탐구과제

1. 자아와 세계를 인식하는 것이 왜 글쓰기에 필요한 것인가.

2. 다음의 항목 이외의 세계인식 단계를 생각해 보자.

1) 자아인식, 자신의 정체성 확인
2) 가치관 확립, 학습, 정보입수, 숙련, 깨달음 등으로 가치관 정비
3) 세계관, 공유의 문제, 함께하는 세계인식
4) 나와 세계의 관계, 물아일체(物我一體), 세계를 품고 있는 나

3 통합적 사고, 논리

세계는 다양하다. 당연히 세계를 제대로 인식하는 방법은 다양화된 세계를 하나하나 구분해서 접근하는 것이다. 거기에 어떤 우선순위가 있을 수 없다. 먼저 내가 가장 좋아하는 분야부터 정해 놓는다. 문학, 예술, 철학, 종교, 사회, 역사, 정치, 경제, 물리, 과학, 수학 등으로 분류하여 접근해 볼 수 있을 것이다.

일단 이렇게 분류해 놓고 보면 다음은 어떻게 이러한 분야 속으로 접근해 들어가는가 하는 의문이 생기게 된다. 우선 각 분야의 과정 혹은 장르 속에서 하나의 관심사를 이끌어내야 한다. 그것은 하나의 생각이 크기 시작하는 싹이 될 것이다. 글쓰기의 단초는 자기 안에서부터 풀어져 나온다. 그리고 그것을 키워나가는 것이다. 그리고 논리적인 방법으로 차근차근 접근해 들어가는 것이다.

논리는 글쓰기를 하는 걸음걸이라고 할 수 있다. 논리를 모르고 글을 쓴다는 것은 도구를 사용하지 않고 식사를 하는 것과 같다. 또 식사 매너를 모르면서 배를 불리는 일과 같다. 그러나 논리의 중요성은 겉으로 드러나지 않는다. 식사를 하는 데 식사도구의 활용성이 크게 강조되지 않는 것과 같다.

그것은 이미 우리의 일상 가운데 깊숙이 자리하고 있기 때문이다. 또 그렇기 때문에 대부분의 사람들은 세련된 글쓰기를 이루지 못하고 있다. 세련된 품위를 획득하기 위해 식사매너에 다시 관심을 갖게 되듯 이런 문제를 바로잡기 위해서 논리가 나아가는 법을 다시 한 번 확인해 보아야 한다. 어설픈 진행에 어떤 문제가 있었는지 진행 폭을 세며 지금까지 알고 있던 상황을 다시 한 번 복기해 보는 것이다. 그러면서 자세와 태도를 가다듬는 것이다. 바둑과 마찬가지로 프로가 되려면 모름지기 복기라는 것을 할 줄도 알아야 한다.

논리는 크게 두 가지로 나눠 정리할 수 있다. 하나는 연역적 논리(演繹的 論理)이고, 다른 하나는 귀납적 논리(歸納的 論理)이다. 이에 더하여 논법을 이해하는 데 있어 간과해서는 안 될 몇 가지의 논리들을 살펴보기로 한다. 궁극적으로 글쓰기 또는 논술은 논리적인 방법을 사용하여 설명과 논증을 진행시키며 단계적으로 기술(記述)하는 것이기 때문이다.

1) 연역(演繹, deduction)적 논리

우리가 가장 먼저 알아두어야 할 것은 연역적 논리이다. 그리고 연역과 귀납이라는 논리는 가장 기본적인 논리이기 때문에 그 동안 여러 학습 경로를 통하여 수없이 다뤄 왔다. 그럼에도 불구하고 글을 쓰거나 생각을 정리할 때 이 방법들이 잘 적용되지 않는 것은 배우는 것과 실용화하는 것이 별도로 작용되어 왔기 때문이다. 글쓰기를 하는 데 이런 방법들이 몸에 배지 않으면 오랜 세월 동안 글을 써도 잘 늘지가 않는다. 이러한 점을 고려하여 이제라도 처음부터 다시 익혀서 몸에 배게 하는 것이 좋겠다. 언제라도 글을 쓸 때는 생각 자체가 논리적 방식으로 진행되도록 하는 것이 필요하다.

연역(演繹, deduction)이란 이미 알고 있는 하나 또는 둘 이상의 명제를 전제로 명확히 규정된 논리적 형식들에 근거해서 새로운 명제를 결론으로 이끌어내는 추리의 방법이다. 이것은 대전제와 소전제를 통해서 결론을 추론해내는 '삼단논법(三段論法)'이라고도 한다. 예를 들면 "모든 사람은 죽는다(대전제). 소크라테스는 사람이다(소전제). 따라서 소크라테스는 죽는다(결론)."로 논리가 형성되는 것이다.

또 이러한 연역적 추리의 방법과 절차를 논리적으로 체계화한 것을 연역법이라 한다. 연역은 귀납(歸納, induction)과 달리 전제와 결론의 구체적인 내용은 문제로 삼지 않으며 엄격한 논리적 규칙에 의존한다.

귀납에서 추론의 타당성은 전제와 결론을 뒷받침하는 내용에 달려 있다. 귀납적 추론은 근본적으로 관찰과 실험에서 얻은 부분적이고 특수한 사례를 근거로 전체에 적용시키는 이른바 '귀납적 비약'을 통해 이루어진다. 때문에 귀납에서 얻어진 결론은 일정한 개연성을 지닐 뿐이며, 사실 정보에 따라 타당성의 정도도 달라진다. 하지만 연역에서는 논리적 형식의 타당성을 갖추며 결론은 전제들로부터 필연성을 가지고 도출된다.

연역에서는 전제가 결론을 확립해 주는 결정적 근거가 된다. 전제가 참일 경우 그러한 전제에 의해 뒷받침되는 결론 역시 반드시 참이 되며, 전제와 결론 사이의 이러한 필연 관계는 논리적 형식과 규칙의 타당성에 근거해 성립한다. 그렇지 않을 경우 앞에서 예를 든 대전제와 소전제를 통한 소크라테스는 죽지 않는 결과가 된다.

이처럼 연역은 결론의 내용이 이미 전제 속에 포함되어 있다는 점에서 진리 보존적 성격을 지닌다. 연역은 전제에 없었던 새로운 사실적 지식의 확장을 가져다주지는 못하며, 이미 전제 속에 포함되어 있는 정보를 명확하고 새롭게 도출해낼 뿐이다.

하지만 연역적 추리(deductive inference)는 논리적 일관성과 체계성을 가져다준다. 때문에 일상생활에서도 널리 적용되어 나타난다. 어떤 행위가 옳은 것인지 아닌지를 따지는 윤리적 판단들은 대부분 연역적 방법에 기초해 나타난다. 개별 행위의 유형을 포괄하는 보편적 규범에 기초해 옳고 그름을 판단하기 때문이다.

연역적 추론 규칙과 형식에 대한 탐구의 역사는 매우 오래되었다. 일찍이 아리스토텔레스는 삼단논법의 형식을 확립하였고, 오늘날에도 새로운 추론 규칙을 찾는 일은 논리학의 가장 중요한 과제 가운데 하나이다. 연역적 추리의 방법은 하나의 전제에서 결론이 도출되는 직접추리와 2개 이상의 전제에서 결론이 나타나는 간접추리로 나뉜다. '대전제→소전제→결론'의 형식으로 나타나는 삼단논법이 간접추리의 전형적 형식이다.

연역은 전제로부터 결론을 도출해내는 것이므로 일정한 명제를 출발점으로 한다. 그런데 모든 연역의 출발점이 되는 최초의 명제는 결코 연역에 의해 도출될 수 없다. 그러한 출발점은 결국 인간의 다양한 경험이나 실천 등의 결과를 일반화하는 과정을 통해서 형성된다. 때문에 실제의 학문 연구가 순수하게 연역적 형태로서만 이루어질 수는 없으며 관찰이나 실험 등의 증명 과정과 통일되어 적용된다. 오늘날에는 전제로 삼은 가설을 검증하기 위해 그 가설에서 몇 개의 명제를 연역해 실험과 관찰 등을 수행하는 가설연역법(假說演繹法)이 널리 쓰이고 있다.

부연하자면 가설(假設)은 일련의 현상을 설명하기 위하여 어떤 학설을 논리적으로 구성하는 명제이다. 이러한 가설은 기지(旣知)의 경험적 진리나 개념에 의하여 새로운 명제나 신념을 산출해 내는 것이므로 가설의 제기는 가장 창조적인 영위로 볼 수 있다.

2) 귀납(歸納, induction)적 논리

연역적 논리와 마찬가지로 귀납적 논리는 논리를 형성하는 방식 중에서 가장 기본적인 것이라 할 수 있다. 연역과 귀납은 함께 익혀서 몸에 배게 하여 글을 쓸 때나 생각을 정리할 때마다 자유자재로 이 논리들을 적용하는 유연함이 있어야 하겠다.

귀납(歸納, induction)적 방법은 개별적인 특수한 사실이나 현상에서 그러한 사례들이 포함되는 일반적인 결론을 이끌어내는 추리의 방법이다. 다시 말해 개별적 사례들을 전제로 하여 일반적 사실로서의 결론을 이끌어내는 것이다.

예를 들면 "철수가 영희를 보며 웃고 있다(개별적 사례). 철수는 영희를 좋아하고 있다(일반화)."는 유추(類推)로 논리가 형성되는 것이다. 이때 성급한 일반화의 오류 또는 귀납적 오류를 조심해야 한다. 철수가 영희를 보며 웃고 있는 행위는 반드시 철수가 영희를 좋아해서만 그렇다고는 볼 수 없기 때문이다. 웃음이 좋은 의미로만 비치는 것이 아니고 남을 비웃거나 조롱할 때도 웃을 수 있다는 사실을 염두에 두어야 하기 때문인 것이다.

귀납은 개개의 구체적인 사실이나 현상에 대한 관찰로서 얻어진 인식을 그 유(類) 전체에 대한 일반적인 인식으로 이끌어 가는 절차이다. 즉, 인간의 다양한 경험, 실천, 실험 등의 결과를 일반화하는 사고방식이다.

이러한 귀납적 추리(inductive inference)에는 여러 가지 유형이 있다. 표본적인 관찰이나 실험에 근거해 일반적인 결론을 이끌어내는 '통계적인 추리'도 있고, 사물이나 사태의 유사성에 근거하여 어떤 결론을 끌어내는 '유비적인(analogically) 추리'도 있다. 과거에 나타났던 일에 근거해 미래에 어떤 것이 일어날지를 예측하기도 하고, 현재의 사실들에 근거하여 과거의 사실들에 대한 결론을 이끌어내기도 한다.

이처럼 귀납은 주어진 사실이나 현상들에 근거해 새로운 정보와 지식을 얻을 수 있으므로 일상생활에서도 흔하게 나타나는 사고방식이라 할 수 있다. 그리고 자연과학과 인문사회과학의 각 분야들에서 폭넓게 사용되고 있기도 하다.

귀납은 연역과는 달리 사실적 지식을 확장해 준다는 특징을 가지고 있지만, 전제가 결론의 필연성을 논리적으로 확립해 주지 못한다는 한계를 갖고 있다. 귀납적 추리는 근본적으로 관찰과 실험에서 얻은 부분적이고 특수한 사례를 근거로 전체에 적용시키는 이른바 '귀납적 비약'을 통해 이루어진다.

따라서 귀납에서 얻어진 결론은 필연적인 것이 아니라 단지 일정한 개연성을 지닌 일반적 명제 내지는 가설에 지나지 않는다.

귀납적 추리의 방법과 절차를 논리적으로 체계화한 것이 귀납법(inductive method)이다.

귀납법에 대한 연구와 강조는 일찍이 아리스토텔레스에게서 출발하지만, 귀납법의 의미가 두드러지게 나타난 것은 17~18세기에 경험적 자연과학이 발전하면서이다.

귀납은 그 결과의 성격에 따라 일차적 귀납과 이차적 귀납으로 나뉜다. 일차적 귀납은 개별 사실들에 대한 관찰과 실험 등으로부터 일반적인 가설이나 법칙을 추론하는 것이다. 그리고 이차적 귀납은 여러 일반 명제들로부터 하나의 이론을 추론하는 것이다.

귀납법은 개연성을 지닌 가설을 유도할 뿐 논리적 필연성을 가져다주지 못한다. 그러나 그것은 과학의 발전에서 중요한 역할을 해

왔으며, 확률이나 통계학의 발달과 밀접히 연관되어 발전해 왔다.

개별 사실들에 관한 정보 처리를 더욱 쉽고 빠르게 해 주는 컴퓨터 등의 기술적 도구들이 발달되면서 귀납적 연구 방법 역시 더욱 영향력이 커질 것으로 보인다.

3) 변증법(辨證法, dialectic)적 논리

논리는 변증법적으로 발전하고 있다. 논리를 이해하는 데 있어서 변증법을 간과해서는 안 될 것이다. 특히 헤겔의 변증법은 논리가 진화하는 과정들을 이해하는 데 많은 도움을 준다. 이에 따라 변증법을 정리해 보면 다음과 같다.

동일률(同一律)을 근본원리로 하는 형식논리에 대하여, 모순 또는 대립을 근본원리로 하여 사물의 운동을 설명하려고 하는 논리인 변증법(辨證法)이 원래는 대화술 또는 문답법이라는 뜻이었다.

일반적으로 변증법의 창시자라고 하는 엘레아학파(BC 5C 그리스 철학의 학파, 날카로운 논리적 사고 중심)의 제논은 상대방의 입장에 어떤 자기모순이 있는가를 논증함으로써 자기 입장의 올바름을 입증하려고 하였다.

이와 같은 문답법은 소크라테스(BC469~399)에 의해 훌륭하게 전개되고, 그것을 이어받은 플라톤에 의해 변증법은 진리를 인식하기 위한 방법으로 중시되었다.

근세에 와서 변증법이란 말에 다시 중요한 의의를 부여한 것은 칸트이다. 칸트는 변증법을 우리의 이성(理性)이 빠지기 쉬운, 일견 옳은 듯하지만 실은 잘못된 추론(推論), 즉 '선험적 가상(假象)'의 잘못을 폭로하고 비판하는 '가상의 논리학'이라는 뜻으로 썼다.

이와 같이 칸트에 이르기까지의 변증법이란 말은 어느 경우에서나 진리를 인식하기 위해 직접 또는 간접으로 유효한 기술 및 방법이라는 의미를 가지고 있어 오늘날 일반적으로 생각되는 것처럼 모순율(矛盾律)을 부정하는 특별한 논리로 생각되지는 않았다.

이에 비해 변증법이란 것을 인식뿐만 아니라 존재에 관한 논리로 생각한 것은 헤겔이었다. 헤겔은 인식이나 사물은 정(正, 即自, 정립), 반(反, 對自, 반정립), 합(合, 즉자 겸 대자, 종합)의 3단계를 거쳐서 전개된다고 생각하였으며, 이 3단계적 전개를 변증법이라고 생각하였다.

정(正)의 단계란 그 자신 속에 실은 암암리에 모순을 포함하고 있음에도 불구하고 그 모순을 알아채지 못하고 있는 단계이며, 반(反)의 단계란 그 모순이 자각되어 밖으로 드러나는 단계이다. 그리고 이와 같이 모순에 부딪침으로써 제3의 합(合)의 단계로 전개해 나간다.

이 합의 단계는 정과 반이 종합 통일된 단계이며, 여기서는 정과 반에서 볼 수 있었던 두 개의 규정이 함께 부정되면서 또한 함께 살아나서 통일된다. 즉, 아우프헤벤(aufheben, 止揚 또는 揚棄)되는 것이다.

이와 같이 존재에 관해서도 변증법적 전개가 가능하다고 생각한다면 존재 그 자체에 모순이 실재한다는 결과가 되기 때문에, 변증법은 모순율을 부정하는 특별한 논리라고 생각된다. 오늘날 변증법은 이와 같은 의미로 해석되는 것이 일반적이며, K. 마르크스, F. 엥겔스의 유물변증법(唯物辨證法)도 마찬가지로 해석된다.

*동일률은 'A는 A이다'와 같이 모든 대상은 그 자체와 같다는 원리이다. 철수는 철수이며 나무는 나무이고, 삼각형은 삼각형이다. 그러니까 철수를 영수라고 생각하거나 나무를 돌이라고 생각하거나 삼각형을 원이라고 생각하면, 그 생각은 정합하지 않다. 즉 앞뒤가 서로 맞지 않는 것이다. 이것은 언어표현(명제 혹은 개념)의 의미 및 지시대상(指示對象)의 동일성을 주장하는 것으로, 일정 범위의 논의나 논술에 있어서 지켜져야 한다는 원리이다.

*모순율은 동일률의 이면으로 'A는 A이면서 A가 아니다'와 같은 어떤 명제와 그것의 부정이 동시에 참이 될 수 없다는 원리이다. 이러한 모순율이란 "어떤 것에도 그것에 어긋나는 것이 속할 수 없으며, 또한 서로 어긋나는 성질이 함께 어떤 것에 속할 수 없다"는 사고 법칙을 말한다. 원을 삼각이라고 생각하거나 천장에 뚫린 구멍이 둥근 사각이라고 생각함은 알맞지 않은 것이다. 어떤 것도 자신과 어울릴 수 없는 것을 자신의 성질로 가질 수 없으며, 서로 어울릴 수 없는 성질들을 동시에 함께

가질 수 없다.

*아우프헤벤(aufheben : 止揚 또는 揚棄) : 사물에 관한 모순이나 대립을, 부정을 매개로 하여 고차적인 단계에서 통일하는 것을 가리킨다. 원어는 '부정하다' '보존하다'라는 긍정·부정의 두 가지 뜻을 동시에 가지고 있으나 G. W. F. 헤겔은 이 이의성(二義性)을 자기 자신을 '높이는' 변증법적 발전과정 가운데 내포시켜 특수한 규정이라고 하였다. 예를 들면 유(有)에 대한 무(無)가 모순되고 대립하는데, 양자는 상호 부정과 연관을 통하여 '생성'되는(유가 무가 되고, 무가 유가 되는) 것에서 각각 그 독립성을 잃고 '생성' 가운데 부정(지양)된다. 그러나 그때 '유'와 '무'는 아주 버려지는 것이 아니라 한 단계 높은 '생성'이라는 것 가운데 불가결의 계기로서 보존(지양)되어 있는 것이다.

*유물변증법 : 하부구조(프롤레타리아)와 상부구조(브르조아)로 구분하여 하부구조에 의해 상부구조가 규정된다는 논리이다. 이러한 유물은 우리의 지식, 즉 정신은 자발적 창조에 의하여 구성되는 것이 아니라, 우리의 두뇌에 의한 외부세계의 반영 또는 모사라고 생각된다. 공산주의의 변증법적 유물론은 물질계의 변증법적 근본 법칙으로서 다음의 세 가지를 생각한다.

첫째, 점진적인 양적 변화가 누적되어 일정한 단계에 이르면 급작스런 질적 변화를 일으킨다. 둘째, 자연 현상은 언제나 부정적인 면과 긍정적인 면을 가지며, 과거와 미래를 가지고 있다. 생명이 소진(消盡)된 면과 새로운 생명으로 성장 발전하는 면을 아울러 가지고 있다. 이리하여 대립자 상호간의 투쟁과 이로 말미암아 고차적 형태에로의 전환을 거쳐 자연은 항상 발전하고 있는 것이다. 셋째, 자연의 발전 과정은 부정의 부정이라는 형식을 거쳐서 진행된다는 것이다.

*헤겔(Georg Wilhelm Friedrich Hegel, 1770. 8. 27 ~ 1831. 11. 14) : 독일 슈투트가르트에서 출생. 칸트 철학을 계승한 독일 관념론의 대성자이다. 18세기의 합리주의적 계몽사상의 한계를 통찰하고 '역사'가 지니는 의미에 눈을 돌린 데 의미가 있다. 또한 모든 사물의 전개(展開)를 정(正), 반(反), 합(合)의 3단계로 나누는 변증법(辨證法)은 그의 논리학과 철학의 핵심이다.

헤겔은 이러한 근본사상을 바탕으로 장대한 철학체계를 수립하였는데 그 체계는 논리학, 자연철학, 정신철학의 3부로 되었으며, 이의 전 체계를 일관하는 방법이 모든 사물의 전개(展開)를 정(正), 반(反), 합(合)의 3단계로 나누는 변증법(辨證法)이었다.

헤겔에 의하면 정신이야말로 절대자이며 반면 자연은 절대자가 자기를 외화(外化)한 것에 불과하다고 한다. 그리고 논리학에서는 자연 및 정신에 대하여 고루 타당한 규정이 다루어졌다. 그의 철학은 그 관념론적 형이상학으로 인하여 많은 비판과 반발을 받기도 하였지만, 역사를 중시하였다는 점에서는 19세기 역사주의적 경향의 첫걸음을 내디딘 것으로 평가할 수 있으며, 또 변증법이라는 사상으로도 후세에 다대한 의의를 가진다 하겠다. 주요저서로는 『정신현상학(精神現象學)』, 『논리학』, 『법철학 강요』가 있다.

*칸트(Immanuel Kant, 1724. 4. 22~1804. 2. 12) : 독일의 철학자. 서유럽 근세철학의 전통을 집대성하고, 전통적 형이상학을 비판하며 비판철학을 탄생시켰다. 저서에 『순수이성비판』, 『실천이성비판』, 『판단력비판』 등이 있다.

논리는 변증법적으로 진화한다. 어떠한 논리도 절대적인 논리라고 할 수 없다. 모든 논리는 그 자체 내에 모순을 담고 있으며, 그러한 모순은 진화를 위해서라면 언젠가는 표출되어야 한다. 그리고 상호 충돌하거나 합의되면서 한층 더 진화된 새로운 논리로 거듭나는 것이다. 또 이렇게 생성된 새로운 논리는 다시 모순을 지니게 되면서 헤겔의 변증법적 논리에 따른 정반합의 과정을 반복하게 된다.

4) 아리스토텔레스의 유비론(類比論)

유비추리(類比推理), 혹은 유추(類推, analogy)라고 한다. 유추는 두 개의 사물이 몇몇 성질이나 관계를 공통으로 가지며, 또 한쪽의 사물이 어떤 성질, 또는 관계를 가질 경우, 다른 사물도 그와 같은 성질 또는 관계를 가질 것이라고 추리하는 것이다.

하나의 유(類)에 속하는 종(種)이나 개체(個體)에 적용할 수 있는 명제(命題)는 같은 유에 속하는 다른 종이나 개체에도 적용할 수 있다는 것이 유추, 즉 '유(類)에 의한 추론(推論)'의 내용이다.

유비론은 구체적으로 비례적 관계의 닮음을 말한다. 유비논리에는 두 가지의 유비형식이 있는데, A와 B의 관계는 C와 D의 관계와 같다는 것이다. A가 B 속에 있듯이 C가 D 속에 있음을 설명하는 형식이다. 이러한 과정을 살펴보면서 아리스토텔레스의 유비론(類比論)에서 '유(類)에 의한 추론(推論)'의 내용으로 정리되는 유추(類推, analogy)의 개념이 확립되었다는 것을 알 수 있다.

5) 흑백논리(黑白論理)

모든 문제를 흑과 백, 선과 악, 득과 실의 양 극단으로만 구분하고 중립적인 것을 인정하지 않으려는 편중된 사고방식이나 논리를 말한다. 하지만 흑백논리를 주제나 상황을 긍정과 부정으로 나눠 접근하는 방식으로 응용할 수 있다.

모든 논리는 긍정과 부정의 측면을 갖고 있다. 그 입장을 명확하게 식별하는 데서 논리가 출발한다고 할 수 있다. 흑백논리는 논리 방법 중에서 가장 기초적인 것으로 그러한 양단(兩端)을 구별하는 데 쓰임이 있다.

물론 흑백사고의 오류는 언제나 경계하고 지양해야 할 것이다.

6) 기타 논리학

논리학을 사전적으로 설명하면 바른 판단과 인식을 얻기 위한 올바른 사유의 형식과 법칙 등을 연구하는 학문이라고 할 수 있다. 논증의 형식을 정리, 분석하고 이론의 논리적 구조를 밝히며 이론과 사상(事象)과의 대응을 논하는 것이다. 이러한 논리학은 각 분야에서 나름의 법칙을 갖고 성립되며 그것은 각각의 영역 안에서 끊임없이 또는 개별적으로 적용되기 때문에 다양하다 할 수 있을 것이다.

먼저 기호논리학을 살펴볼 필요가 있다. 기호논리학은 1879년 독일의 수학자 프레게에 의해 체계가 성립되고 발전된 현대의 논리학이라 할 수 있다. 수학적 논리학, 수리 논리학이라고도 명명되며 전통논리학과 구별된다. 지금도 수학자들이 꾸준히 개량시키고 있으며 근래에는 컴퓨터 기초이론과 연결되어 끊임없이 발전하고 있다.

또 집합에서 집합으로의 사상(事象)의 일반적 결합관계를 다룬 관계논리학이 있다. 관계논리학은 관계간의 결합으로 모든 논리의 총합처럼 인식되기도 한다.

이외에도 논리를 펴는 논법은 다양하다. 그러한 것들은 좀 더 시간을 두고 다시 살펴볼 일이다. 또 지엽적인 논리를 펴는 방식은 '표현과 진술' 부분에서 다루는 게 좋겠다는 생각을 한다. 어쨌든 이러한 논법을 활용하여 자신이 세분시켰던 항목(문학, 예술, 철학, 종교, 사회, 역사, 정치, 경제, 물리, 과학, 수학 등)의 주제 속으로 잠입해 들어간다면 논자의 시각은 넓고 깊을 수밖에 없다.

우리는 가끔 '통합적 사고란 무엇인가'를 생각해 보게 된다. 통합은 여러 요소들이 조직되어 하나의 전체를 이루는 것을 말한다. 이러한 관점에서 통합적인 사고란 다양한 논법으로 제반의 측면(문학, 예술, 철학, 종교, 사회, 역사, 정치, 경제, 물리, 과학, 수학 등)을 통합시키는 사고라 할 수 있겠다. 요즘 흔히 말해지고 있는 통합논술이란 것은 이러한 통합적 사고의 결과물이라 할 수 있는 것이다. 따라서 통합논술 유형에서는 사고력과 논리력, 다양한 정보이해 능력을 필요로 한다.

그렇다면 통합논술에 있어서 '통합'이란 개념의 범위를 어디까지 설정해야 하는가를 생각해보지 않을 수 없다. 우선 결론부터 말한다면 그 범위를 문학, 예술, 철학, 종교, 사회, 역사, 정치, 경제, 물리, 과학까지로 정하는 것이 타당하다고 본다. 수학 부문은 수리(數理)적인 차원에서 별도의 영역으로 두는 것이 합당하다고 보는 것이다.

우리의 인식체계는 크게 둘로 나눠 문자와 숫자의 체계로 범주화된다고 말할 수 있다. 이를 다시 문리(文理)와 수리(數理)라는 확대된 개념으로 생각해 볼 수 있다. 문리(文理)의 영역에서 논술이 이뤄지고 상대적인 수리(數理)의 영역은 기호논리학과 같이 그 자체가 독립적 영역으로 인식되기에 그것을 따르면 될 것이다.

그렇다고 해서 문리(文理)의 논술적인 측면에서 수리(數理)적인 기호논리 부분을 배제할 수만은 없다. 다만 문리적인 영역에서 수학을 끝으로 본 방향적인 측면으로 과학의 부분까지 포함했다면 수리적인 부문에서는 역으로 정치 경제 사회까지, 또는 그 이상까지 포함시킬 수 있지 않을 것인가 하는 것이다. 통합이라 하여 무조건적으로 처음부터 끝까지 혹은 이쪽에서 저쪽까지 모두 결합하는 것은 옳지 않다고 본다.

그럼에도 불구하고 오늘날 주창하고 있는 통합적인 문제인식은 중요하다. 이러한 통합적 문제인식에 따르는 것은 개개인의 세계관을 넓히는 것과 같기 때문이다. 좀 더 나아가서 나와 세계는 따로 있지 않다는 것을 다시 한 번 새겨볼 일이다.

*탐구과제

1. 다음 내용을 정리해 보자.

1) 말과 언어의 관계

2) 언어와 생각의 관계

3) 글쓰기에서의 논리

2. 각각의 논리에 따른 글쓰기를 해 보자.

3. 변증법을 완벽하게 터득해 보자.

4. 통합적 논리를 큐브구조로 생각해 보자.

제5장 전략과 실제

1 원고지 쓰기

1) **장르 표시** : 원고지 첫 행의 두 번째 칸부터 글의 장르를 쓴다. 예를 들어 장르가 시라면 '시'라고 쓰고, 장르에 따라 '소설' '희곡' '수필' '기행문' '칼럼'이라고 표시한다. 간혹 글의 종별 표시 없이 비워두는 경우가 많은데, 논문을 제외한 경우, 장르는 꼭 표시해 두는 것이 좋다. 장르를 쓰기 애매한 원고는 어떤 용도에 쓰이는 글인지 장르를 쓰는 곳에 밝혀두는 것이 좋다.

2) **제목** : 제목은 둘째 행 중심부에 쓴다. 제목의 글자도 한 칸에 한 자씩 쓴다. 또한 제목을 쓸 때에는 다음 사항을 유의한다.

ㄱ. 마침표는 찍지 않는다.
ㄴ. 물음표와 느낌표는 가급적 붙이지 않도록 한다.
ㄷ. 같은 계열의 단어가 열거될 때에는 쉼표 대신 가운뎃점을 쓴다.
ㄹ. 줄임표는 사용하지 않는다.
ㅁ. 제목이 길 때에는 두 행을 잡아 쓴다. 이때에는 두 행 중 첫 행은 좌측으로, 둘째 행은 우측으로 치우쳐 쓴다.

ㅂ. '부제'가 있으면 주 제목 아랫줄에 쓰되 양 끝에 줄표(–)를 표시한다.

3) **소속과 성명** : 소속과 성명은 원칙적으로 제목 아래의 한 행을 비우고 난 뒤 네 번째 행부터 쓴다. 소속을 다 쓰고 난 끝에는 한 칸이 남아야 하고, 다음 줄 성명은 다 쓰고 난 뒤 두 칸이 남아야 한다. 성과 이름을 붙여 쓴다. 다만, 성과 이름을 분명히 구별할 필요가 있을 경우에는 띄어 쓸 수 있다. 성명의 각 글자 사이는 시각적 효과를 고려하여 한 칸씩 띄어 써도 무방하다. 또한 소속과 성명을 한 줄에 적을 수도 있다.

4) **원고지 한 칸** : 원고지 한 칸에 글자 한 자씩 쓴다. 하지만 알파벳 소문자나 아라비아 숫자 등은 한 칸에 두 자씩 쓴다. 알파벳 대문자나 문장 부호도 각각 한 칸을 씀을 원칙으로 한다. 단 온점(.)과 반점(,)은 한 칸을 비우지 않으며 글자 옆에 붙여 쓴다.

5) **문단 시작** : 문단의 첫 글자는 맨 처음 시작하는 한 칸을 비우고 둘째 칸부터 쓰기 시작한다. 이것은 새 문단의 시작을 의미하며 단락을 나눌 때만 첫 칸을 비운다. 줄의 맨 끝이 비워야 할 차례인데 비울 칸이 없을 경우에도 다음 줄 첫 칸을 비워서는 안 되며, 이런 경우 줄의 맨 끝에 띄어쓰기 표(√)를 넣어 띄는 곳임을 표시하고 다음 줄 첫 칸은 메워 써야 한다.

6) **띄어쓰기** : 띄어쓰기는 맞춤법 통일안에 따라 지켜져야 한다. 문장 부호 다음에도 한 칸을 띄어 쓰는 것이 원칙이지만 반점(,)과 온점(.) 다음은 점이 차지한 칸 이외의 한 칸을 띄지 않는다.

7) **부호쓰기** : 느낌표(!)나 물음표(?) 등은 칸의 한 가운데에 쓰나, 따옴표(" "), 온점(.), 반점(,) 등은 칸의 구석에 치우치도록 쓴다.

8) **온점이나 반점** : 온점이나 반점이 찍혀야 할 자리에서 줄이 끝나고 다음 줄로 넘어갈 경우에는 그 부호를 다음 줄 첫 칸으로 넘기지 않고 마지막 칸 속에 함께 표시해 준다. 다른 부호들도 마찬가지이다. 마지막 칸 속에 넣기 어려운 부호는 칸 밖의 여백에 쓴다.

9) **대화** : 대화는 줄을 바꾸어 쓰되 큰따옴표(" ")를 붙인다. 줄의 첫 칸을 비우고, 둘째 칸에 따옴표가 오게 한다.

10) **로마 숫자, 알파벳 대문자** : 로마 숫자, 알파벳 대문자 그리고 낱자로 된 아라비아 숫자와 알파벳 소문자는 한 칸에 한 자씩 쓴다. 분수는 사선을 그어 나란히 쓰는 방법도 있지만, 원고지에서는 다소 불편하더라도 일상의 습관처럼 위아래로 적는 것이 자연스럽고 혼동이 적다. 당연히 두 자 이상의 아라비아 숫자나 알파벳 소문자는 한 칸에 두

자씩 쓴다.

11) **인용문, 운문** : 본문에 인용문을 사용할 때는 인용문 전체를 한 칸씩 들여 쓴다. 인용문 내에서 문단이 시작할 때나 바뀔 때 앞의 두 칸을 비운다. 항목별로 나열할 때도 한 칸씩 비우고 쓴다. 소항목 표제 또는 단락 표제를 표시할 때도 첫 칸을 비우고 쓴다. 운문은 1행이 1단락이므로 시나 시조 등의 운문을 쓰거나 인용할 때는 앞의 두 칸을 비우고 쓰는 것이 원칙이다.

12) **문단 내의 첫 칸** : 하나의 단락이나 글 내용 내에서는 처음의 시작을 제외하고는 절대로 첫 칸을 비우지 않는다. 어디까지나 첫 칸을 비우는 것은 새로운 문단이 시작된다는 약속이므로 띄어쓰기를 한다고 첫 칸을 비우게 되면 문단의 첫머리를 비운 것과 혼동되어 문장의 격식을 이해하는데 혼란을 주게 된다. 따라서 줄의 끝에서 비울 칸이 없을 경우에는 띄우는 표시만을 하고 첫 칸부터 글을 써나가야 한다.

13) **문장부호** : 문장 부호도 한 글자로 취급하여 한 칸에 하나씩 표시한다. 물음표, 느낌표 등의 문장 부호 다음은 한 칸씩 띄어 쓴다. 말줄임표는 한 칸에 석 점씩 찍는다. 문장 부호가 잇달아 오거나 문장 부호의 숫자 알파벳 등이 연이어 쓰일 때는 각각 다른 칸에 쓴다. 글자가 오른쪽 끝의 칸을 차지하여 문장 부호를 찍을 칸이 없을 때는 칸

밖의 여백에 끼움표(∧) 속에 처리한다. 또 따옴표나 묶음표와 같이 두 부호가 한 짝을 이룰 때는 줄 끝에서 시작되는 것을 피하여 끝의 칸을 비우고 다음 줄 첫 칸부터 부호를 처리해도 무방하다

2 어법 살펴보기

글을 쓰고자 하는 것은 자신의 감정이나 주장, 사상 등을 다른 사람들에게 전달하고자 하는 것이다. 그런데 자신이 쓰고 있는 언어들이 상대방과는 다른 맞춤법, 다른 어법을 구사하고 있다면 상대방에게 자신의 의사는 전달이 되지 않을 것이다. 한 마디로 자신이 쓰고자 하는 글의 목적성은 없어지는 것이다. 그렇기 때문에 글을 쓸 때는 우리말이 갖고 있는 한글 맞춤법과 표준어 규정 등의 규범을 따라야 할 것이다.

우리말과 우리글의 규범을 정리해둔 어문규정은 '한글 맞춤법' (문교부 고시 제88-1호, 1988. 1. 19.)과 '표준어 규정' (문교부 고시 제88-2호, 1988. 1. 19.), '외래어 표기법' (문교부 고시 제85-11호, 1986. 1. 7.), '국어의 로마자 표기법' (문화관광부 고시 제2000-8호, 2000. 7. 7.)으로 이루어져 있다.

이 가운데에서 먼저 중요한 어법부터 살펴보기로 한다.

1. 띄어쓰기

가. 조사는 그 앞말에 붙여 쓴다.

꽃이, 꽃마저, 꽃밖에, 꽃에서부터, 꽃으로만, 꽃이나마,
꽃이다, 꽃입니다, 꽃처럼, 어디까지나, 웃고만

*붙여 써야 할 것들

좋아하다, 좋아지다, 오락가락하다, 입원시키다,
인사드리다, 교육받다, 납치당하다, 학생이다, 철수까지,
너같이, 밥은커녕

나. 의존명사는 띄어 쓴다.

아는 것이 힘이다, 나도 할 수 있다, 먹을 만큼 먹어라,
아는 이를 만났다, 네가 뜻한 바를 알겠다,
떠난 지가 오래다, 학교가 발전하는 데 기여하면 좋을 텐데

다. 단위를 나타내는 명사는 띄어 쓴다.

한 개, 차 한 대, 소 한 마리, 옷 한 벌, 열 살,
연필 한 자루, 집 한 채, 신 두 켤레

라. 수를 적을 때는 만 단위로 띄어 쓴다.

십이억 삼천사백오십육만 칠천팔백구십팔
12억 3456만 7898

마. 두 말을 이어주거나 열거할 때 쓰는 말들은 띄어 쓴다.

국장 겸 과장, 열 내지 스물, 청군 대 백군,
책상 걸상 등이 있다, 이사장 및 이사들, 사과 배 귤 등등

바. 단음절로 된 단어가 연이어 나타날 때에는 붙여 쓸 수 있다.

그때 그곳, 좀더 큰것, 이말 저말, 한잎 두잎

2. 사이시옷

가. 순 우리말로 된 합성어로서 앞말이 모음으로 끝난 경우

가) 뒷말의 첫소리가 된소리로 나는 것

고랫재, 귓밥, 나룻배, 나뭇가지, 냇가, 댓가지, 뒷갈망,
맷돌, 머릿기름, 모깃불, 못자리, 바닷가, 뱃길, 볏가리,
부싯돌, 선짓국, 쇳조각, 아랫집, 우렁잇속, 잇자국,
잿더미, 조갯살, 찻집, 쳇바퀴, 킷값, 핏대, 햇볕, 혓바늘

나) 뒷말의 첫소리 'ㄴ, ㅁ' 앞에서 'ㄴ' 소리가 덧나는 것

멧나물, 아랫니, 텃마당, 아랫마을, 뒷머리, 잇몸, 깻묵, 냇물, 빗물

다) 뒷말의 첫소리 모음 앞에서 'ㄴㄴ' 소리가 덧나는 것

뒷윷, 두렛일, 뒷일, 뒷입맛, 베갯잇, 깻잎, 나뭇잎, 댓잎

나. 순 우리말과 한자어로 된 합성어로서 앞말이 모음으로 끝난 경우

가) 뒷말의 첫소리가 된소리로 나는 것

귓병, 머릿방, 뱃병, 사잣밥, 샛강, 아랫방, 자릿세, 전셋집, 찻잔, 찻종, 콧병, 탯줄, 텃세, 핏기, 햇수, 횟가루, 횟배

나) 뒷말의 첫소리 'ㄴ, ㅁ' 앞에서 'ㄴ' 소리가 덧나는 것

곗날, 제삿날, 훗날, 툇마루, 양칫물

다) 뒷말의 첫소리 모음 앞에서 'ㄴㄴ' 소리가 덧나는 것

가욋일, 사삿일, 예삿일, 훗일

다. 한자어는 사이시옷을 붙이지 않는 것을 원칙으로 하지만 다음 6 개의 단어만 예외로 한다.

곳간(庫間), 셋방(貰房), 숫자(數字),
찻간(車間), 툇간(退間), 횟수(回數)

3. 종종 잘못 쓰고 있는 것

거칠은(거친 O), 만듬(만듦 O), 알음(앎 O),
하지 말아요(마요 O), 하지 말아라(마라 O),
하지 말아(마 O)
예, 아니오(요 O)로 답하시오. :
　　'예'의 반대 '아니'에 '요'를 붙인 것
이것은 책이요, 저것은 공책이다. :
　　문장을 연결할 때는 '요'를 쓴다.

*조사와 의존명사

그는 나뿐만 아니라 누구에게나
　　웃는 얼굴을 보여 줄 뿐이었다.
수학만큼은 자신 있었지만 바라던 만큼
　　성적이 나오지 않았다.
지칠 대로 지쳐 몸이 뜻대로 움직이지 않았다.

*회상과 선택

그때 어찌나 춥던지 (회상)
가든지 말든지, 하든지 말든지 (선택)

4. '데'와 '대'의 구분

가. '대'의 쓰임

가) '-대' : (어미) '-다 하여'의 뜻을 지닌 선어말 어미 '갔대요. 도착한대요.'

나) '-ㄴ대' : (어미) '-ㄴ다고 한다'의 준말 '연락한대'

다) '-(일)진대' : (조사) 체언에 붙어 '-일 것 같으면'의 뜻을 나타내는 연결형 서술격 '그도 사람일진대'

라) '-(하)건대' : (어미) 앞으로 하려는 일을 미리 말할 때 쓰는 연결 어미 '생각하건대, 생각건대, 원하건대, 원컨대, 요컨대, 청컨대, 보건대, 예컨대'

나. '데'의 쓰임

가) 갈 데가 없다. 노는 데엔 빠지지 않는다. (의존명사)

나) 그런데, 그러한데 (접속부사)

다) 그는 아직도 학생이데? (조사- 회상- 종결형 서술격)

라) 키는 큰데 힘이 없다. 불편할 것 같던데 지금은 어때? (연결, 종결어미)

5. 구별해야 할 단어들

가. 띠다 : 색을 띠다. (빛깔이나 색채 따위를 가지다)
띄다 : 눈에 띄다. (남보다 훨씬 두드러지다)

나. '왠'과 '웬' : 왠은 왜인지의 준말로 '왠지'로만 쓰인다.
'금세 O / 금새 X' '찌개 O / 찌게 X'

다. '윗옷(상의)'과 '웃옷(겉옷)' '웃어른' : '윗'은 그에 대응할 만한 '아래'가 있을 때 쓸 수 있는 표현이며, 그렇지 않은 경우에는 '웃'을 쓴다.

라. '장이'와 '쟁이' : '간판장이, 땜장이, 미장이, 대장장이'의 '장이'는 기술을 가지고 있는 사람을 뜻한다. '쟁이'는 '장이'의 의미를 지니지 않은 '멋쟁이, 개구쟁이, 난쟁이' 등의 표현이다.

마. '이'와 '히'의 구분

가) '이'로 적는 것('이'로만 나는 것)

가붓이, 깨끗이, 나붓이, 느긋이, 둥긋이, 따뜻이, 반듯이, 버젓이, 산뜻이, 의젓이, 가까이, 고이, 날카로이, 대수로이, 번거로이, 많이, 적이, 헛되이, 겹겹이, 번번이, 일일이

나) '히'로 적는 것('히'로만 나는 것, '이' '히'로 나는 것)

극히, 급히, 딱히, 속히, 작히, 족히, 특히, 엄격히, 정확히. 솔직히, 가만히, 간편히, 나른히, 무단히, 각별히, 소홀히, 쓸쓸히, 정결히, 과감히, 꼼꼼히, 심히, 답답히, 섭섭히, 공평히, 능히, 당당히, 분명히, 상당히, 조용히, 간소히, 고요히, 도저히

6. 흔히 잘 못 쓰이는 말 – 괄호 안의 말이 맞는 말이다.

아지랭이(아지랑이), 깡총깡총(깡충깡충), 오뚜기(오뚝이), 쌍둥이(쌍둥이), 일찌기(일찍이), 이해할른지(이해할는지), 바램(바람), 으례(으레), 모자르다(모자라다), 줏었다(주웠다), 학생으로써(학생으로서), 부시시하다(부스스하다), 또아리(똬리),

날으는(나는), 머릿가락(머리카락), 살고기(살코기),
숫개(수캐), 숫강아지(수캉아지) 숫당나귀(수탕나귀),
숫돼지(수퇘지), 숫병아리(수평아리), 숫것(수컷),
수닭(수탉), 숫꿩(수꿩), 숫나사(수나사), 숫놈(수놈),
숫소(수소), 수양(숫양), 수염소(숫염소), 수쥐(숫쥐),
안밖(안팎), 암개(암캐), 암것(암컷), 불나비(부나비),
삵괭이(살쾡이), 시귀(시구), 글구(글귀), 무우(무),
새앙쥐(생쥐), 온가지(온갖), 꼭둑각시(꼭두각시),
봉숭화(봉숭아), 쪽밤(쌍동밤)

이외에도 글을 쓸 때 살펴야 할 것들이 많다. 전반적인 사례와 살펴보아야 할 규범은 정부에서 고시하고 '국립국어원'에서 제공하는 규정들을 참조하면 되겠다. 글쓰기를 할 때마다 항상 살피면서 규범에 따른 글쓰기를 기본으로 해야 한다.

다음 사항들은 글을 쓸 때 우선 참조해야할 사항들이다. 바로 익혀서 글쓰기의 기본바탕이 되어야 하겠다.

'한글 맞춤법' 중에서

1. 한자음 '녀, 뇨, 뉴, 니'가 단어 첫머리에 올 적에는, 두음 법칙에 따라 '여, 요, 유, 이'로 적는다.

여자(女子) 유대(紐帶) 연세(年歲) 요소(尿素) 익명(匿名)

다만, 년(年)과 같은 의존 명사에서는 '냐, 녀' 음을 인정한다.

접두사처럼 쓰이는 한자가 붙어서 된 말이나 합성어에서, 뒷말의 첫소리가 'ㄴ' 소리로 나더라도 두음 법칙에 따라 적는다.

신여성(新女性) 공염불(空念佛) 남존여비(男尊女卑)

모음이나 'ㄴ' 받침 뒤에 이어지는 '렬, 률'은 '열, 율'로 적는다.

나열(羅列) 분열(分裂) 치열(齒列) 선열(先烈) 규율(規律)
비율(比率) 실패율(失敗率) 백분율(百分率)

2. 종결형에서 사용되는 어미 '-오'는 '요'로 소리나는 경우가 있더라도 그 원형을 밝혀 '오'로 적는다.

이것은 책이오. 이리로 오시오. 이것은 책이 아니오.

다만 연결형에서 사용되는 '이요'는 '이요'로 적는다.

이것은 책이요, 저것은 붓이요, 또 저것은 먹이다.

3. 보조 용언은 띄어 씀을 원칙으로 하되, 경우에 따라 붙여 씀도 허용한다. 앞에 것을 원칙으로 하고, 뒤에 것을 허용한다.

불이 꺼져 간다.	불이 꺼져간다.
내 힘으로 막아 낸다.	내 힘으로 막아낸다.
어머니를 도와 드린다.	어머니를 도와드린다.
그릇을 깨뜨려 버렸다.	그릇을 깨뜨려버렸다.
비가 올 듯하다.	비가 올듯하다.
그 일은 할 만하다.	그 일은 할만하다.
일이 될 법하다.	일이 될법하다.
비가 올 성싶다.	비가 올성싶다.
잘 아는 척한다.	잘 아는척한다.

4. 성과 이름, 성과 호 등은 붙여 쓰고, 이에 덧붙는 호칭어, 관직명 등은 띄어 쓴다.

김양수(金良洙)	서화담(徐花潭)	채영신 씨
최치원 선생	박동식 박사	충무공 이순신 장군

다만, 성과 이름, 성과 호를 분명히 구분할 필요가 있을 경우에는 띄어 쓸 수 있다.

남궁억 / 남궁 억	독고준 / 독고 준
황보지봉 / 황보 지봉	

성명 이외의 고유 명사는 단어별로 띄어 씀을 원칙으로 하되, 단위별로 띄어 쓸 수 있다. 앞에 것을 원칙으로 하고, 뒤에 것을 허용한다.

대한 중학교	대한중학교
한국 대학교 사범 대학	한국대학교 사범대학

전문 용어는 단어별로 띄어 씀을 원칙으로 하되, 붙여 쓸 수 있다. 앞에 것을 원칙으로 하고, 뒤에 것을 허용한다.

만성 골수성 백혈병	만성골수성백혈병
중거리 탄도 유도탄	중거리탄도유도탄

'문장 부호' 중에서

Ⅰ. 마침표[終止符]

1. 온점(.), 고리점(°)

가로쓰기에는 온점, 세로쓰기에는 고리점을 쓴다.

(1) 서술, 명령, 청유 등을 나타내는 문장의 끝에 쓴다.

젊은이는 나라의 기둥이다.

황금 보기를 돌같이 하라.

집으로 돌아가자.

다만, 표제어나 표어에는 쓰지 않는다.

압록강은 흐른다(표제어)

꺼진 불도 다시 보자(표어)

(2) 아라비아 숫자만으로 연월일을 표시할 적에 쓴다.

1919. 3. 1. (1919년 3월 1일)

(3) 표시 문자 다음에 쓴다.

1. 마침표　　ㄱ. 물음표　　가. 인명

(4) 준말을 나타내는 데 쓴다.

서. 1987. 3. 5.(서기)

2. 물음표(?) : 의심이나 물음을 나타낸다.

(1) 직접 질문할 때에 쓴다.

이제 가면 언제 돌아오니? 이름이 뭐지?

(2) 반어나 수사의문(修辭疑問)을 나타낼 때 쓴다.

제가 감히 거역할 리가 있습니까?

이게 은혜에 대한 보답이냐?

(3) 특정한 어구 또는 그 내용에 대하여 의심이나 빈정거림, 비웃음 등을 표시할 때, 또는 적절한 말을 쓰기 어려운 경우에 소괄호 안에 쓴다.

그것 참 훌륭한(?) 태도야.

우리 집 고양이가 가출(?)을 했어요.

[붙임 1] 한 문자에서 몇 개의 선택적인 물음이 겹쳤을 때에는 맨 끝의 물음에만 쓰지만, 각각 독립된 물음인 경우에는 물음마다 쓴다.

너는 한국인이냐, 중국인이냐?

너는 언제 왔니? 어디서 왔니? 무엇하러?

[붙임 2] 의문형 어미로 끝나는 문장이라도 의문의 정도가 약할 때에는 물음표 대신 온점(또는 고리점)을 쓸 수도 있다.

이 일을 도대체 어쩐단 말이냐.

아무도 그 일에 찬성하지 않을 거야.

혹 미친 사람이면 모를까.

3. 느낌표(!) : 감탄이나 놀람, 부르짖음, 명령 등 강한 느낌을 나타낸다.

(1) 느낌을 힘차게 나타내기 위해 감탄사나 감탄형 종결어미 다음에 쓴다.

앗!

아, 달이 밝구나!

(2) 강한 명령문 또는 청유문에 쓴다.

지금 즉시 대답해! 부디 몸조심하도록!

(3) 감정을 넣어 다른 사람을 부르거나 대답할 적에 쓴다.

춘향아! 예, 도련님!

(4) 물음의 말로써 놀람이나 항의의 뜻을 나타내는 경우에 쓴다.

이게 누구야! 내가 왜 나빠!

[붙임] 감탄형 어미로 끝나는 문장이라도 감탄의 정도가 약할 때에는 느낌표 대신 온점을 쓸 수도 있다.

개구리가 나온 것을 보니, 봄이 오긴 왔구나.

II. 쉼표[休止符]

1. 반점(,) 모점(ˊ)

가로쓰기에는 반점, 세로쓰기에는 모점을 쓴다.

문장 안에서 짧은 휴지를 나타낸다.

(1) 같은 자격의 어구가 열거될 때에 쓴다.

근면, 검호, 협동은 우리 겨레의 미덕이다.

충청도의 계룡산, 전라도의 내장산,
강원도의 설악산은 모두 국립공원이다.

(2) 짝을 지어 구별할 필요가 있을 때에 쓴다.

닭과 지네, 개와 고양이는 상극이다.

(3) 바로 다음의 말을 꾸미지 않을 때에 쓴다.

슬픈 사연을 간직한, 경주 불국사의 무영탑

성질 급한, 철수의 누이동생이 화를 내었다.

(4) 대등하거나 종속적인 절이 이어질 때에 절 사이에 쓴다.

콩 심으면 콩 나고, 팥 심으면 팥 난다.

흰 눈이 내리니, 경치가 더욱 아름답다.

(5) 부르는 말이나 대답하는 말 뒤에 쓴다.

애야, 이리 오너라. 예, 지금 가겠습니다.

(6) 제시어 다음에 쓴다.

빵, 이것이 인생의 전부이더냐?

용기, 이것이야말로 무엇과도 바꿀 수 없는 젊은이의 자산.

(7) 도치된 문장에 쓴다.

이리 오세요, 어머님. 다시 보자, 한강수야.

(8) 가벼운 감탄을 나타내는 말 뒤에 쓴다.

아, 깜빡 잊었구나.

(9) 문장 첫머리의 접속이나 연결을 나타내는 말 다음에 쓴다.

첫째, 몸이 튼튼해야 된다.

아무튼, 나는 집에 돌아가겠다.

다만, 일반적으로 쓰이는 접속어(그러나, 그러므로, 그리고, 그런데 등) 뒤에는 쓰지 않음을 원칙으로 한다.

그러나 너는 실망할 필요가 없다.

(10) 문장 중간에 끼어든 구절 앞뒤에 쓴다.

나는 솔직히 말하면, 그 말이 별로 탐탐하지 않소.

철수는 미소를 띠고, 속으로는 화가 치밀었지만,

그들을 맞았다.

(11) 되풀이를 피하기 위하여 한 부분을 줄일 때에 쓴다.

여름에는 바다에서, 겨울에는 산에서 휴가를 즐겼다.

(12) 문맥상 끊어 읽어야 할 곳에 쓴다.

갑돌이가 울면서, 떠나는 갑순이를 배웅했다.

철수가, 내가 제일 좋아하는 친구이다.

(13) 숫자를 나열할 때에 쓴다.

1, 2, 3, 4

(14) 수의 폭이나 개략의 수를 나타낼 때에 쓴다.

5, 6 세기　　　6, 7 개

(15) 수의 자릿점을 나타낼 때에 쓴다.

2. 가운뎃점(·) : 열거된 여러 단위가 대등하거나 밀접한 관계임을 나타낸다.

(1) 쉼표로 열거된 어구가 다시 여러 단위로 나누어질 때에 쓴다.

철수·영이, 영수·순이가 서로 짝이 되어 윷놀이를 하였다.

공주·논산, 천안·아산·천원 등 각 지역구가 있다.

시장에 가서 사과·배·복숭아, 고추·마늘·파,

조기·명태·고등어를 샀다.

(2) 특정한 의미를 가지는 날을 나타내는 숫자에 쓴다.

3·1 운동, 8·15 광복

(3) 같은 계열의 단어 사이에 쓴다.

경북 방언의 조사·연구

충북·충남 두 도를 합하여 충청도라고 한다.

동사·형용사를 합하여 용언이라고 한다.

3. 쌍점(:)

(1) 내포되는 종류를 들 적에 쓴다.

문장 부호 : 마침표, 쉼표, 따옴표, 묶음표 등

문방사우 : 붓, 먹, 벼루, 종이

(2) 소표제 뒤에 간단한 설명이 붙을 때에 쓴다.

일시 : 1984년 10월 15일 10시

마침표 : 문장이 끝남을 나타낸다.

(3) 저자명 다음에 저서명을 적을 때에 쓴다.

정약용 : 목민심서, 경세유표

주시경 : 국어 문법, 서울 박문서관, 1910.

(4) 시(時)와 분(分), 장(章)과 절(節) 따위를 구별할 때나, 둘 이상을 대비할 때에 쓴다.

오전 10 : 20 (오전 10시 20분)
요한 3 : 16 (요한복음 3장 16절)
대비 65 : 60 (65대 60)

4. 빗금(/)

(1) 대응, 대립되거나 대등한 것을 함께 보이는 단어와 구, 절 사이에 쓴다.

남궁만/남궁 만
백이십오 원/125원
착한 사람/악한 사람 맞닥뜨리다/맞닥트리다

(2) 분수를 나타낼 때에 쓰기도 한다.

3/4 분기, 3/20

III. 따옴표[引用符]

1. 큰따옴표(“ ”), 겹낫표(『 』)
가로쓰기에는 큰따옴표, 세로쓰기에는 겹낫표를 쓴다.
대화, 인용, 특별 어구 따위를 나타낸다.

(1) 글 가운데서 직접 대화를 표시할 때에 쓴다.

“전기가 없었을 때는 어떻게 책을 보았을까?”

"그야 등잔불을 켜고 보았겠지."

⑵ 남의 말을 인용할 경우에 쓴다.

예로부터 "민심은 천심이다."라고 하였다.

"사람은 사회적 동물이다."라고 말한 학자가 있다.

2. 작은 따옴표(' '), 낫표 (「」)

가로쓰기에는 작은따옴표, 세로쓰기에는 낫표를 쓴다.

⑴ 따온 말 가운데 다시 따온 말이 들어 있을 때에 쓴다.

"여러분! 침착해야 합니다.

'하늘이 무너져도 솟아날 구멍이 있다.' 고 합니다."

⑵ 마음속으로 한 말을 적을 때에 쓴다.

'만약 내가 이런 모습으로 돌아간다면

모두들 깜짝 놀라겠지.'

[붙임] 문장에서 중요한 부분을 두드러지게 하기 위해 드러냄표 대신에 쓰기도 한다.

지금 필요한 것은 '지식' 이 아니라 '실천' 입니다.

'배부른 돼지' 보다는 '배고픈 소크라테스' 가 되겠다.

Ⅳ. 묶음표[括弧符]

1. 소괄호(( ))

(1) 언어, 연대, 주석, 설명 등을 넣을 적에 쓴다.

커피(coffee)는 기호 식품이다.

3.1 운동(1919) 당시 나는 중학생이었다.

'무정(無情)' 은 춘원(6.25때 납북)의 작품이다.

니체(독일의 철학자)는 이렇게 말했다.

(2) 특히 기호 또는 기호적인 구실을 하는 문자, 단어, 구에 쓴다.

(1) 주어 (ㄱ) 명사 (라) 소리에 관한 것

(3) 빈 자리임을 나타낼 적에 쓴다.

우리나라의 수도는 ( )이다.

2. 중괄호({ })

여러 단위를 동등하게 묶어서 보일 때에 쓴다.

3. 대괄호([ ])

(1) 묶음표 안의 말이 바깥 말과 음이 다를 때에 쓴다.

나이[年歲] 낱말[單語] 手足[손발]

(2) 묶음표 안에 또 묶음표가 있을 때에 쓴다.

명령에 있어서의 불확실[단호(斷乎)하지 못함]은
복종에 있어서의 불확실[모호(模糊)함]을 낳는다.

V. 이음표[連結符]

1. 줄표(—)

이미 말한 내용을 다른 말로 부연하거나 보충함을 나타낸다.

(1) 문장 중간에 앞의 내용에 대해 부연하는 말이 끼어들 때 쓴다.

그 신동은 네 살에—보통 아이 같으면 천자문도 모를
나이에—벌써 시를 지었다.

(2) 앞의 말을 정정 또는 변명하는 말이 이어질 때 쓴다.

어머님께 말했다가—아니 말씀드렸다가—꾸중만 들었다.
이건 내 것이니까—아니, 내가 처음 발견한 것이니까—
절대로 양보할 수가 없다.

2. 붙임표(-)

(1) 사전, 논문 등에서 합성어를 나타낼 적에, 또는 접사나 어미임을 나타낼 적에 쓴다.

겨울-나그네　불-구경　손-발
휘-날리다　슬기-롭다　-(으)ㄹ걸

(2) 외래어와 고유어 또는 한자어가 결합되는 경우에 쓴다.

나일론-실　　디-장조　　빛-에너지

염화-칼륨

3. 물결표(~)

(1) '내지'라는 뜻에 쓴다.

9월 15일 ~ 9월 25일

(2) 어떤 말의 앞이나 뒤에 들어갈 말 대신 쓴다.

새마을 : ~ 운동 ~ 노래

-가(家) : 음악~ 미술~

Ⅵ. 드러냄표[顯在符]

1. 드러냄표(˚, ˙)

˙이나 ˚을 가로쓰기에는 글자 위에, 세로쓰기에는 글자 오른쪽에 쓴다.

문장 내용 중에서 주의가 미쳐야 할 곳이나 중요한 부분을 특별히 드러내 보일 때 쓴다.

Ⅶ. 안드러냄표[潛在符]

1. 숨김표(××, ○ ○)

알면서도 고의로 드러내지 않음을 나타낸다.

⑴ 금기어나 공공연히 쓰기 어려운 비속어의 경우, 그 글자의 수효만큼 쓴다.

배운 사람 입에서 어찌 ○○○란 말이 나올 수 있느냐?

그 말을 듣는 순간 ××란 말이 목구멍까지 치밀었다.

⑵ 비밀을 유지할 사항일 경우, 그 글자의 수효만큼 쓴다.

육군 ○○부대 ○○○이 작전에 참가하였다.

그 모임의 참석자는 김××씨, 정××씨 등 5명이었다.

2. 빠짐표(□)

글자의 자리를 비워 둠을 나타낸다.

⑴ 옛 비문이나 서적 등에서 글자가 분명하지 않을 때에 그 글자의 수효만큼 쓴다.

大師爲法主□□賴之大□薦(옛 비문)

⑵ 글자가 들어가야 할 자리를 나타낼 때 쓴다.

훈민정음의 초성 중에서 아음(牙音)은 □□□의 석 자다.

3. 줄임표(……)

(1) 할 말을 줄였을 때에 쓴다.

"어디 나하고 한 번……." 하고 철수가 나섰다.

(2) 말이 없음을 나타낼 때에 쓴다.

"빨리 말해!" "……."

'표준어 사정 원칙' 중에서

1. 어원에서 멀어진 형태로 굳어져서 널리 쓰이는 것은, 그것을 표준어로 삼는다. 앞에 것을 표준어로 삼고, 뒤에 것을 버린다.

강낭-콩	강남-콩	
고삿	고샅	(겉~, 속~)
사글-세	삭월-세	'월세'는 표준어임
울력-성당	위력-성당(떼를 지어서 으르고 협박하는 일)	

2. 수컷을 이르는 접두사는 '수-'로 통일한다. 앞에 것을 표준어로 삼고, 뒤에 것을 버린다.

수-꿩	수-퀑, 숫-꿩	'장끼'도 표준어임
수-나사	숫-나사	
수-놈	숫-놈	
수-사돈	숫-사돈	
수-소	숫-소	'황소'도 표준어임
수-은행나무	숫-은행나무	

다만, 다음 단어에서는 접두사 다음에서 나는 거센소리를 인정한다. 접두사 '암-'이 결합되는 경우에도 이에 준한다. 앞에 것을 표준어로 삼고, 뒤에 것을 버린다.

수-캉아지	숫-강아지
수-캐	숫-개
수-컷	숫-것
수-키와	숫-기와
수-탉	숫-닭
수-탕나귀	숫-당나귀
수-톨쩌귀	숫-돌쩌귀
수-퇘지	숫-돼지
수-평아리	숫-병아리

*다음 단어의 접두사는 '숫-'으로 한다. 앞에 것을 표준어로 삼고, 뒤에 것을 버린다.

숫-양	수-양
숫-염소	수-염소
숫-쥐	수-쥐

3. 양성모음이 음성모음으로 바뀌어 굳어진 다음 단어는 음성모음 형태를 표준어로 삼는다. 앞에 것을 표준어로 삼고, 뒤에 것을 버린다.

깡충-깡충	깡총-깡총
-둥이	-동이

(←童-이. 귀-, 막-, 선-, 쌍-, 검-, 바람-, 흰-)

발가-숭이	발가-송이	
(센말은 '빨가숭이' 큰말은 벌거숭이, 뻘거숭이)		
아서, 아서라	앗아, 앗아라	
(하지 말라고 금지하는 말)		
오뚝-이	오똑-이	(부사도 오뚝-이)
주추	주초	(←柱礎. 주춧-돌)

다만, 어원 의식이 강하게 작용하는 다음 단어에서는 양성모음 형태를 그대로 표준어로 삼는다. 앞에 것을 표준어로 삼고, 뒤에 것을 버린다.

부조(扶助)	부주
사돈(査頓)	사둔
삼촌(三寸)	삼춘

4. '아래, 위'의 대립이 없는 단어는 '웃-'으로 발음되는 형태를 표준어로 삼는다. 앞에 것을 표준어로 삼고, 뒤에 것을 버린다.

웃-돈	윗-돈
웃-어른	윗-어른
웃-옷	윗-옷

5. 한자 '구(句)'가 붙어서 이루어진 단어는 '귀'로 읽는 것을 인정하지 아니하고, '구'로 통일한다.

구법(句法), 구절(句節), 구점(句點), 결구(結句),
경구(警句), 대구(對句), 문구(文句), 시구(詩句),
어구(語句), 인용구(引用句)

하지만, 다음 단어는 '귀'로 발음되는 형태를 표준어로 삼는다.

귀-글, 글-귀

이외에도 표준어로 삼는 것이 시대적으로 바람직하다는 판단이 서면 표준어로 인정되는 경우가 있어 그때그때 이를 참고하여 표현하거나 판단하는 데 고루 살펴 사용하여야 한다.

3 문장 가꾸기

1) 글의 요건

글의 목적은 읽는 사람을 이해시키는 데에 있다. 따라서 글을 쓸 때는 그 글을 읽을 대상을 분명히 인식하여야 한다. 글을 읽을 대상이 누구냐에 따라 동일한 내용을 담는다고 하더라도 각기 다른 어조를 취해야 하기 때문이다.

내용은 충실하고 진실해야 한다. 내용이 충실하고 진실한 글만이 좋은 글이 될 수 있다. 충실한 내용은 해박한 지식에서 온다. 따라서 책과 인터넷 또는 다양한 미디어를 통해 더 많은 정보를 얻은 후에 글을 쓰거나, 쓰고자 하는 주제에 대해서 다각적이고 다양한 생각을 해야 한다.

주제나 인식은 독창적이어야 한다. 주제와 내용이 알차고 풍부한 내용이라 하더라도 독창성이 없다면 좋은 글이라 할 수 없다. 독창적이라 해서 어떤 특이한 체험이나 누구도 발견하지 못했던 획기적인 발상을 적어야 한다는 것은 아니다. 같은 사물과 같은 대상에서도 흔히 지나치기 쉬운 단면들을 발견해내거나 남들이 미처 깨닫지 못했던 측면을 생각하며 글을 써야 한다는 것이다.

러시아 형식주의를 열었던 쉬클로프스키는 새로움을 발견하는 방법을 '낯설게 하기(사선으로 보기, 삐딱하게 보기)'의 개념으로 설명하기도 했다. 남들과는 다른 시각으로 사물을 관찰해 보는 것, 혹은 다른 사람들과는 다르게 사물에 대해서 생각해보는 것이 새로움을 발견하는 하나의 방법이라고 할 수 있다.

글은 간결하고 정확해야 한다. 아무리 좋은 내용을 가지고 있다 하더라도 그것이 정확하지 못하다면 독자들은 이해하기 어려울 것이다. 간결한 글이란 쓸데없는 군더더기가 없다는 뜻이다. 지나치게 화려하고 현란한 수사는 오히려 글을 난삽하고 혼란스럽게 할 수 있다. 글을 장황스럽게 꾸미지 말아야 한다. 촌철살인(寸鐵殺人)이라 했다. 간단한 말이나 글로 상대편의 허를 찔러 당황하게 만들거나 감동시키는 것이야말로 글의 효과를 극대화하는 것이라 할 수 있겠다.

중국남북조시대 양나라의 문학자 유협(465~521)은 그의 저서『문심조룡(文心雕龍)』에서 간결한 글을 강조하며 '꿩잡는 매'를 말하였다. 꿩은 화려하지만 500미터 정도 밖에 날지 못하고, 매는 볼품없지만 유유히 창공을 날며 꿩을 잡아먹는다는 것이다. 글을 쓰는 데 있어서 수사 활용이 어떠해야 하는 지를 잘 설명해주는 말이라 할 수 있다.

2) 문장 구분

문장(文章, sentence)은 생각이나 느낌을 단어로 연결하여 의사를 전달하는 최소의 단위를 말한다. 대체로 명제(命題)와 구별되는 하나의 완결된 의미를 지닌 단어의 집합으로 정의되기도 하며, 다음과 같이 구분할 수 있다.

가. 단문(單文)

둘 이상의 절이 접속되지 않고 자기 안에 내포문을 갖지도 않는 문장이다. '무엇이 무엇이다'라는 형태의 서술어를 하나만 갖고 있는 문장을 말한다.

나. 복문(複文)

절(節)을 하나의 문장성분으로 가지고 있는 문장을 말한다. '철수는 영희가 예쁘다고 생각한다'와 같은 문장이 대표적인 예이다. 이때 '영희가 예쁘다'와 같이 다른 문장 속에서 하나의 문장성분 노릇을 하는 문장을 내포문(內包文)이라 하고 '철수는…생각한다'와 같이 내포문을 가진 문장을 모문(母文)이라고 한다. 또한 이와 같이 전체적 구조를 갖고 있는 문장을 복문이라 한다.

다. 중문(重文)

둘 이상의 절(節)이 이어져서 만들어진 문장을 말한다. 접속문이라고도 한다. 중문 중에서도 절들이 대등하게 이어진 것을 대등 접속문, 종속적으로 이어진 것을 종속 접속문이라 한다.

대등 접속문은 '철수는 중학생이고 영희는 초등학생이다'와 같은 문장을 말하고, 종속 접속문은 '봄이 오면 꽃이 핀다'와 같은 문장을 말한다. 둘 이상의 절이 접속될 때 '-고' '-면' 등의 연결 어미가 접속의 기능을 담당한다.

이때 둘 이상의 절이 접속되면서 문장성분 중에 공통된 것이 있으면 다시 반복하지 않고 '철수는 서울에서, 영희는 부산에서 산다'에서처럼 한 쪽 서술어를 생략할 수 있다.

3) 문장 살펴보기

다음은 문장에서 흔히 잘못 사용하기 쉬운 말들을 찾아 바르게 고친 것이다.

* 저희 회사는 비록 직원 수는 작지만 시설은 대기업 못지않습니다.

  - 작지만 → 적지만

* 그 친구는 사고방식이나 발상이 다른 사람들과 무척 틀리다.

  - 틀리다 → 다르다

* 이번 조사를 통해 나는 '요즘의 10대들은 어떤 가치관을 지니고 있을까?' 하는 물음이 풀렸다.

- 물음 → 의문

* 어제 길수가 잊어버린 시계를 찾았다.

- 잊어버린 → 잃어버린

* 그는 멀리 섬을 가르키며 무언가 중얼거리기 시작했다.

- 가르키며 → 가리키며

* 그는 친구에게 맞춤법을 이해하기 쉽게 가리켜 주었다.

- 가리켜 → 가르쳐

다음의 문장에서는 어색한 부분이나 잘못된 부분을 찾아 적당한 문장이나 자연스러운 문장으로 고쳤다.

* 대학은 모든 시대와 나라에서 형성된 가장 심오한 진리 탐구와 치밀한 과학적 정신을 배양 형성하는 곳이다.

- 대학은 모든 시대와 나라에서 형성된 가장 심오한 진리를 탐구하고 치밀한 과학적 정신을 배양하고 형성하는 곳이다. (동질적, 대등적 요소)

* 사람들은 흔히 학문의 목적은 눈앞의 이익을 얻는 데 있는 것이

아니라 삶의 본질이라고들 한다.

– 사람들은 흔히 학문의 목적이 눈앞의 이익을 얻는 데 있는 것이 아니라 삶의 본질을 찾는 데 있다고들 한다. (대등하게 연결)

* 산업 스파이는 향수에서 자동차, 비행기, 로켓에 이르기까지 모든 생산품은 빠짐없이 대상에 올린다.

– 산업 스파이는 향수에서 자동차, 비행기, 로켓에 이르는 모든 생산품을 빠짐없이 대상에 포함시킨다. (올바른 문장)

* 우리 민족은 예로부터 매화, 난초, 국화, 대나무를 사군자라 하여 그 덕이 높았다.

– 우리 민족은 예로부터 매화, 난초, 국화, 대나무를 사군자라 하여 그 덕을 높이 샀다. (적당한 표현)

* 그 후 언론에서는 각 선수들의 기본기가 문제다라는 것을 지적했다.

– 그 후 언론에서는 각 선수들의 기본기가 문제라는 것을 지적했다. / 그 후 언론에서는 "각 선수들의 기본기가 문제다"라는 것을 지적했다. (간접인용문, "직접인용" 구별)

* 요즘은 재미있게 읽혀지는 책이 별로 없다.

– 요즘은 재미있게 읽히는 책이 별로 없다. (올바른 문장 – 이미 피동)

* 고도로 진화된 인류의 지능 덕분에 인간은 지구상의 모든 생물을 지배하게 되었다.

– 고도로 진화한 인류의 지능 덕분에 인간은 지구상의 모든 생물을 지배하게 되었다. ('진화'의 의미로 보아 '–되다'를 쓸 필요는 없다. 化에 이미 '되다'의 의미 포함)

* 이 성명이 좀 더 구체성이 없다는 점이 문제를 갖고 있습니다.

– 이 성명은 구체성이 없다는 문제가 있습니다. / 이 성명은 구체성이 없다는 점이 문제입니다. (은, 는, 이, 가 사용주의)

* 아파트 단지 내의 질서와 사고를 방지하기 위해 지상 주차를 금지합니다.

– 아파트 단지 내의 질서를 유지하고 사고를 방지하기 위해 지상 주차를 금지합니다. (올바른 문장)

* 본인이 여러분들께 올릴 말씀은, 이 책의 체계를 따른다면 교수법상의 문제가 발생하지 않으며 종래의 의구를 버리고 안심할 수 있을 것이라고 저자는 단언하는 바이다.

– 본인이 여러분들께 올릴 말씀은, 이 책의 체계를 따른다면 교수법상의 문제가 발생하지 않으며 종래의 의구를 버리고 안심할 수 있을 것이라는 점입니다. (적당한 표현)

* 어제는 광화문에서 미군 장갑차 사고 사망 여중생 추모 촛불시위가 있었다.

– 어제는 광화문에서 미군 장갑차 사고로 사망한 여중생을 추모하는 촛불 시위가 있었다. (무리한 조사 생략)

* 할아버지께서 오시라고 하니 어서 가 봐라.

– 할아버지께서 오라고 하시니 어서 가 봐라. (올바른 경어법 사용)

* 협정을 체결함으로써 얻는 이익으로는 무역의 경제적 효용을 극대화할 수 있다는 데에 있다.

– 협정을 체결함으로써 얻는 이익은 무역의 경제적 효용을 극대화할 수 있다는 점이다. (자연스런 문장)

* 그 팀은 수비가 불안하고 불확실한 패스 워크 때문에 우리 팀을 이길 수 없다.

– 그 팀은 수비가 불안하고 패스 워크가 미숙하기 때문에 우리

팀을 이길 수 없다. (자연스런 문장)

* 대학생활의 낭만, 더 이상 존재하는가.

– 대학생활의 낭만, 더 이상 존재하지 않는다. (언어사용 부주의)

* 지난 4월 17일 미국 버지니아 공대에서 차마 믿을 수 없는 끔찍한 일이 벌어지고 말았다. 한 사람의 학생이 총을 가지고 같은 학우들을 쏜 것이다. 수많은 희생자가 생긴 이번 사건은 전 세계 사람들의 이목을 끌었고 사건 용의자의 정체가 밝혀지기 전까지는 우리나라 역시 사건 피해자들에게 애도를 표하고 제3자의 입장에서 사건을 지켜보았다.

– 지난 4월 17일, 미국 버지니아 공대에서 차마 입으로는 말할 수 없는 끔찍한 사건이 벌어졌다. 한 학생이 총으로 학우들에게 무차별 난사를 가한 것이다. 수많은 희생자가 생긴 이번 사건은 전 세계의 이목을 끌기에 충분했고, 사건 용의자의 정체가 한국인으로 밝혀지면서 우리나라는 제3자의 입장이 아닌 '우리'라는 공동체 의식에서 사건을 지켜보게 되었다.

* 얼마 전 한국음반저작권협회에서 누리꾼 1만여 명을 저작권법 위반으로 고소하였다. 대가없이 불법음반을 사용한 이들에 대한 벌이었으며 다른 이들에게 따끔한 본보기였다.

– 얼마 전 한국음반저작권협회에서는 누리꾼 1만여 명을 저작

권법 위반으로 고소하였다. 이는 아무런 대가없이 불법음반을 사용한 이들에 대한 응징이었으며 다른 이들에게 보이는 따끔한 본보기였다.

* 비록 실패했지만 국민들은 이 사건을 계기로 민주화를 갈망했고 노태우 이후 김영삼 정부가 들어섬으로 해서 국민들의 권리가 찾아졌다.

– 비록 실패로 끝났지만 이 민주화 운동은 훗날 민주사회를 이루는 초석이 되었고, 노태우 이후 김영삼 정부가 들어서고부터는 그 의미 또한 커지게 되었다.

* 자살에는 정당성이 부여되서는 안 된다. 아무리 자신의 목숨을 자의로 저버린다지만 그것은 올바른 자아실현이 아니다.

– 자살에 정당성을 부여할 수는 없다. 자신의 것을 스스로 선택해서 버릴 수 있다고는 하지만 목숨만큼은 그렇게 할 수가 없다. 목숨은 애초부터 자신이 선택한 것이 아니기 때문이다.

* 하나나 둘 밖에 안 되는 자식을 잘 키워보고자 하는 욕심과 국내에서의 교육의 질에 만족하지 못해서 이민 혹은 유학을 가는 등의 경우가 많아지면서 다양한 문제들이 발생하고 있다.

– 하나 둘 밖에 없는 자식을 잘 키워보고자 하는 욕심으로 부모들은 이민 또는 유학을 결심한다. 그들이 원하는 교육의 질이

나 교육방법을 국내에서는 찾지 못해서 내려진 결정이겠지만 이러한 경우가 많아지면서 다양한 문제들이 발생하고 있다.

4 단락 점검하기

1) 단락의 형태

단락(段落)은 전체의 문장에서 통일된 내용을 담고 있는 글의 토막을 말한다. 문단(文段)이라고도 말하는데, 문장이 단어가 모여서 이루어진 것이라면 단락은 문장이 모여 이루어진 것이라 할 수 있다.

단락과 단락은 전체를 구성하고 있는 각 부분으로 서로 밀접하게 관련을 맺고 있어야 하며, 전체를 효과적으로 연결해야 한다.

단락은 한 편의 글과 마찬가지로 주제를 지녀야 한다. 전체적인 글의 주제가 그 글이 다루는 중심 생각이라면, 각 단락의 주제(소주제)는 그 단락에서 다루는 중심 생각이라 할 수 있다.

이렇게 중심 생각을 이루는 문장을 중심문장이라 하고, 이것을 뒷받침하고 있는 문장을 뒷받침문장이라 한다. 또 중심문장에서 다루는 명제를 중심명제라 하고, 이를 뒷받침하며 보조하는 명제를 보조명제라 한다. 결과적으로 하나의 단락은 하나의 중심명제와 여러 개의 보조명제로 이루어진다고 볼 수 있다.

이러한 단락의 구분은 '들여쓰기'에 의해 이루어진다.

단락의 길이는 원칙적으로 제한이 없지만 너무 짧거나 길지 않도록 해야 한다. 단락의 길이가 너무 짧으면 주제문장을 충분히 뒷받침하기가 어렵고, 단락의 길이가 너무 길면 단락의 내용이 일관되게 만들기가 어렵기 때문이다.

따라서 단락의 분량은 문장들 사이의 관계를 고려하여 적절하게 설정되어야 한다.

2) 단락의 구성 원리

단락은 첫째로 '통일성'을 갖춰야 한다. 앞과 뒤가 서로 소통되어야 의미가 통하듯이 중심명제를 뒷받침하는 보조명제들이 일관성을 갖춰서 전체적으로 통일된 의미를 창출해야 한다.

이렇게 통일된 의미를 창출하려면 문장이 제 역할에 맞게 순리적으로 연결되는 '연결성'이 있어야 한다. 앞뒤가 서로 유기적으로 연결되지 않는 문장이라면 자신의 의도한 의미가 재대로 전달될 수가 없다.

마지막으로 '완결성'을 살펴볼 수 있다. 단락은 내용상 그 자체로 하나의 완결된 토막이 되어야 한다. 단락 내의 중심문장과 그 뒷받침문장들이 순리적으로 연결이 되었다고 해서 그 단락이 완결되는 것은 아니다.

중심문장을 뒷받침하는 문장들에 의해 충분히 설명되지 못한다면 그 단락은 제 역할을 제대로 해내지 못할 것이다.

구체적으로 한 단락 내에서도 '주지 제시, 예시, 해석, 부연, 논증, 반증, 강조, 전환, 요약, 마무리' 등의 의미를 갖는 문장들이 필요에 따라 순차적으로 배열되며 하나의 단락이 완성된다. 물론 이러한 의미의 단계는 단락과 단락 간에서도 그 역할에 따라 유기적으로 연결되기도 한다.

3) 단락의 유형

단락은 소주제문과 뒷받침문장들의 위치에 따라서 '두괄식 단락' '미괄식 단락' '양괄식 단락' '중괄식 단락'으로 구분한다.

두괄식 단락은 소주제문이 단락의 처음에 제시되는 유형이다. 그리고 그 소주제문 뒤로는 뒷받침문장들이 이어진다. 소주제문이 처음에 제시된다는 것은 단락의 방향이 먼저 정해졌다는 것을 의미하므로 단락을 쓰는 사람은 주제의 방향에서 벗어나지 않는 글을 쓸 수 있다. 서양에서는 두괄식 단락의 유형을 '약속형'이라 부르면서 가장 전형적인 단락으로 여겨왔으며, 우리나라에서도 설명문이나 논설문 등에서 자주 사용하고 있다.

미괄식 단락은 소주제문이 맨 끝에 제시되는 유형이다. 소주제문이 맨 끝에 제시되므로 뒷받침 문장들을 순리적으로 배열한 다음에 그것들을 포괄할 수 있는 소주제문을 이끌어내야 한다. 소주제문의 위치에서 나타나듯이 미괄식 단락은 두괄식 단락과 반대의 짜임을 보여준다.

또한 미괄식 단락은 소주제문이 뒤에 나타나기 때문에 두괄식 단락보다는 강조의 효과가 약하다. 하지만 소주제문을 점층적으로 이끌어내기 때문에 극적인 효과를 거둘 수 있다는 장점이 있다.

서양에서는 미괄식 단락을 '비약속형'이라 부르면서 자주 사용하지 않았지만 우리나라에서는 두괄식 단락과 마찬가지로 자주 사용되어 왔다. 또 글을 처음 시작하는 머리말 부분이나 서두 부분은 미괄식 단락으로 정리하는 것이 좋다.

양괄식 단락은 소주제문을 첫머리에 제시하고 그것을 말미에 가서 다시 한 번 되풀이하는 구조의 유형이다. 이 유형은 소주제문이 문단의 끝에서 다시 한 번 나타나는 점만이 다를 뿐, 실제로는 두괄식 문장의 구조와 같은 것이다.

양괄식 단락을 쓸 경우에는 소주제문이 마지막에서 단순히 반복되지 않도록 유의하여야 한다. 소주제문을 강조하기 위해 다시 한 번 되풀이하는 목적으로 양괄식 단락을 사용하는 것이 바람직하다.

중괄식 단락은 소주제문이 단락의 중간에 제시되는 유형이다. 앞부분과 뒷부분에 뒷받침 문장들이 나뉘어 배치되는 짜임의 유형이라 할 수 있다. 단락을 구성하는 입장에서는 소주제문을 앞뒤에서 뒷받침할 수 있어서 다른 유형에 비해 안정적이고 편한 점이 있을지 모르나 글의 요지 파악이 힘들고 전달의 효과도 떨어지므로 주의해서 사용해야 한다.

4) 단락의 역할

한 편의 글이 논리를 바탕으로 하여 단계적으로 구성될 경우에 개별 단락들의 역할은 매우 분명하게 나타난다. 예를 들어서 3단 구성을 취할 경우 각 문단은 도입-전개-정리, 서론-본론-결론, 머리말-본문-맺음말 등 글의 성격과 관련된 구성단계에서 그 역할을 맡게 된다. 4단 기승전결(起承轉結) 구성이나 기승전결을 응용한 5단 구성에서도 그것은 마찬가지이다. 그러므로 단락을 구성할 때는 그 역할을 충분히 고려하여 그 역할에 맞도록 글쓰기를 해야 한다.

서두 단락에서는 독자의 흥미를 갖게 하되 앞으로 글의 전개가 어떻게 될 것인가를 암시하는 역할을 해야 한다. '일화 소개' '사실이나 사건 제시' '질의응답식의 전개' '보고나 보도 형식' 등을 사용하여 서두를 시작하면 참신함을 살려 독자의 시선을 끌어당길 수가 있다.

서두 단락을 쓸 경우에는 두괄식 단락보다는 미괄식 단락 유형을 쓰는 것이 바람직하다. 일반적으로 길이가 짧은 글에서는 한두 단락 정도가 서두의 역할을 하며, 길이에 따라서 더 많은 단락이 서두의 역할을 할 수도 있지만 전체 문장 길이의 1/5을 넘지 않도록 하는 것이 좋다.

중간 단락은 대체로 전개, 본론, 본문 등으로, 4단 구성에서는 '승'과 '전'으로 불리어지며 한 편의 글에서 가장 중요하게 다루어지는 부분이다.

글의 중간 단계에서 단락은 내용의 전개에 따라 다양한 역할을 하게 된다.

구체적으로 그것들은 '주지 제시' '예시' '부연' '강조' '전환' '요약' 등이 순차적으로 배열되어 다양한 역할을 하게 된다.

글을 마무리하는 단락은 글의 중심 내용을 종합 정리하는 역할을 하므로 그 역할에 어울리게 써야 한다. 한 편의 글에서 마무리 단계는 '정리' '결론' '맺음말' 등으로 불리어지는 것으로 글의 주제의식을 가장 명확하게 보여주는 단계이다.

그러므로 이 단락에서는 글의 중간에서 제시된 내용들을 종합 정리해서 보여줄 수 있다. 그리고 이 마무리 단계에서 자신이 쓰고 있는 글이 어떤 성격의 글인가를 다시 한 번 생각해서 적절한 단락의 의미를 갖추도록 해야 한다.

*탐구과제

1. 경어법, 압존법 살펴보기

2. 유협의 '문심조룡(文心雕龍)' 살펴보기

3. 자신이 쓰고자 하는 글에서 하나의 단락을 몇 개의 문장으로 이루는 것이 적절할까를 생각해 보자.

4. 다음의 글을 단락을 점검하는 측면에서 살펴보자.

요즘은 사람보다 차가 넘치는 세상이다. 낮이건 밤이건 도로마다 차들이 즐비하다. 예전에는 출퇴근 때를 지나면 도로에 차들이 좀 뜸해지는 것처럼 보였지만 요즘엔 러시아워 시간대도 없이 모든 시간대가 막히고 답답한 실정이다. 이런 사정은 도시의 좁은 골목에서도 마찬가지이다. 낮이나 밤이나 골목의 양쪽은 승용차들로 빽빽하다. 하루의 일과를 끝내고 집으로 돌아오는 시간대의 주택가는 사정이 더욱 심하다. 주차선이 없는 곳에 주차가 되어 있는 것은 말할 것도 없고 이곳저곳 빈 공간에 차들을 끼워놓듯 주차를 해놓아서 어떤 지역은 차 한 대도 빠져 나갈 수가 없다.

그때도 그런 상황이었다. 양쪽에 빼곡하게 주차된 차들 틈을 빠져나가려다가 주차된 차량의 한쪽 범퍼를 살짝 건드리고 말았다. 캄캄한 밤이었고 부딪히는 충격도 없었지만 왠지 살짝 스친 것 같다는 느낌이 들었다. 집 근방이라서 주차를 해 놓고 내 차의 범퍼를 보니 살짝 부딪친 자국이 있었다. 다시 그쪽으로 가서 상대 차를 살펴보니 역시 살짝 부딪힌 자국이 있었다. 그 차는 출하된 시기가 얼마 되지 않은 새 차처럼 보였다. 새 차에 흠집을 냈다는 것에 먼저 미안한 생각부터 들었다. 처음 차를 샀을 때 얼마나 많은 기대감을 갖고 있을 것인가 하는 생각이 들자 덜컥 겁이 나기도 했다.

아무도 본 사람이 없고 캄캄한 밤중에 있었던 일을 누가 알랴 하는 생각도 들면서 그냥 모르는 척 돌아서고 싶은 생각이 굴뚝같았다. 그때 언제인지 들었던 우리나라 사람들의 국민성에 대해서 힐난하는 소리를 들었던 기억이 났다. 마침 지금과 같은 상황을 비교하며 매너가 좋은 나라 사람들은 연락처가 없으면 명함이라도 꽂아놓고 자기가 실수한 것을 책임지려고 하는데 우리나라 사람들은 '아무도 본 사람이 없으니 누가 알랴' 하고 슬쩍 도망가곤 한다는 것이다. 그런 예를 들며 좀 과하다 싶을 정도로 힐난하던 것이 떠올려졌다. 내 생각도 그와 크게 다르지는 않았다. 당연히 매너가 좋은 나라 사람들처럼 양심적으로 일을 처리하는 것이 마땅하다고 생각하고 있었다.

그런데 막상 이런 일을 당하고 보니 순간 갈등하지 않을 수 없었다. 차가 그렇게 크게 파손된 것도 아니고 단 돈 몇 만원이면 저 정도의 흠집 정도는 쉽게 없앨 수도 있는데 그냥 갈까 하는 생각이 앞섰다. 또 못된 차주라도 걸려서 온갖 덤터기까지 쓰는 것이 아닌가 하는 생각도 들었다. 하지만 차마 그냥 발을 돌릴 수가 없었다. 어떤 경우를 당하더라도 내가 살아온 방식을 배반한다는 것은 앞으로의 문제로 나는 나 자신에 대해 앞으로 어떤 믿음을 갖고 살아갈 수 있을까 하는 생각 때문이었다. 짧은 시간이었지만 참으로 많은 생각을 한 시간이었다.

다행히 차 앞 유리에 전화번호가 있어 전화를 걸었더니 근처에 살고 있던 차주가 금방 나왔다. 그는 상황을 듣고 자신의 차를 살펴보더니 우선 연락을 해줘서 고맙다는 태도를 보였다. 나는 그런 그의 태도를 보며 안도의 숨을 돌릴 수가 있었다. 그리고는 명함을 건네며 수리 후의 모든 비용을 책임질 테니 연락을 해 달라 하고는 가볍게 집으로 들어올 수가 있었다. 하지만 이튿날 전화를 건 그의 태도는 많이 달라져 있었다. 채무자를 대하는 채권자의 강압적인 태도로 돌변돼 있었다. 배상책임을 묻는 입장에서 자신의 모든 결정에 이의는 있을 수 없다는 태도였다. 그러면서 범퍼를 차량제조사업소에 들어가서 통째로 바꿔야겠다는 것이었다. 손톱에 반 정도도 안 되는 흠집에 범퍼가 너무 아깝지 않느냐고 물었더니 자신은 티끌만큼의 흠집도 기분이 나빠 안 되겠다는 것이었다.

새 차에 대한 애착이 깊어 어쩔 수가 없겠구나 싶어 그렇게 하라고 하며 견적금액을 물었더니 45만원의 견적이 나왔다고 했다. 일시적으로 지불을 하기엔 부담이 되어 보험처리를 하기로 했다. 그러면서 보험에 대한 부담이 들기 시작했다. 그 동안 자동차 사고보험은 들어 있었지만 소소한 사고로 보험을 적용한 적은 없었다. 그저 자동차 사고보험은 큰 사고를 대비해서 준비하는 것이라고 생각만 하고 있었다. 또 작은 사고로 보험지급을 하게 되면 무사고로 할인혜택을 받던 것이 없어져 손해가 더 큰 것으로 알고 있었다. 그래서 보험사에 알아봤더니 보험처리금액이 50만원을 넘지 않으면 1회 한도로 할증이 되지 않는다고 하였다. 참으로 다행이다 싶었다.

그리고 며칠 뒤 보험처리 담당자에게서 전화가 왔다. 그는 흥분한 어조로 사고 당시 피해자와 많이 다퉜느냐고 물으며 보험처리비용으로 50

만원을 넘기지 않으려고 했는데 그쪽에서 렌트카 비용까지 요구해서 50만원이하로 해결이 되지 않을 것 같다고 했다. 그러면서 50만원을 넘으면 할증료 때문에 손해가 크니 범퍼 교체비용은 인정해 주되 렌트카 비용은 인정하지 않겠다는 소송을 제기하라고 하였다. 소송을 제기하면 사고가 워낙 경미하여 이길 수가 있고 소송비는 렌트카 비용밖에 들지 않으니 할증료 부담에서는 벗어날 수 있다는 것이었다. 참으로 어처구니가 없다는 생각이 들었다. 이래서 사람들이 이런 문제가 생기면 도망부터 가는구나 하는 생각도 들었다.

그러면서도 다른 한편으로는 합리적이고 책임질 줄 아는 다른 나라 사람들의 예를 들며 비난하는 소리를 들은 지도 몇 십 년이 넘은 것 같은데 부끄럽게도 아직도 나는 이런 상황 속에서 비난받는 무책임한 의식을 갖고 있구나 하는 생각이 들고 있었다. 어떤 상황이 다시 발생하더라도 무책임하게 피하는 일은 없어야겠다는 생각을 다잡아보았다. 또 배상책임을 묻는 사람들도 자신이 배상을 하는 입장에서 배상책임을 물으며 사고처리를 해 줬으면 하는 바람이 있었다. 역지사지하며 인간관계를 풀어가는 사회, 언젠가는 그렇게 성숙한 사회가 되기를 바라는 마음을 버릴 수가 없다.

–「역지사지(易地思之)로 풀어가는 사회」/ 김광기

제6장 퇴고하기

1 퇴고의 절차

글쓰기를 완성하기 위해서 다시 문장을 다듬고 어휘도 적절한가를 살피는 일을 퇴고(推敲)라 한다. 이러한 '퇴고'라는 말에는 재미있는 고사(故事)가 담겨져 있다.

당(唐)나라의 시인 가도(賈島)가 나귀를 타고 가다가 시 한 수를 떠올렸는데, 그것은 조숙지변수(鳥宿池邊樹) 승퇴월하문(僧推月下門) '새는 연못가 나무에서 자고 스님은 달 아래 문을 민다'라고 하는 시문이었다.

가도(賈島)는 길을 가며 '달 아래 문을 민다(推)'보다는 '두드린다(敲)'로 하는 것이 어떨까 하고 골몰히 생각하다가 당시 수도의 시장인 한유(韓愈)의 행차 길을 침범하고 말았다.

한유 앞으로 끌려간 가도가 전후사정을 말하자, 한유는 노여운 기색 하나 없이 한참 생각하더니 "역시 민다(推)보다는 두드린다(敲)가 좋겠군." 하며 가도와 행차를 나란히 하였다(唐詩紀事)는 고사(故事)이다.

이후에 사람들은 문장을 신중하게 다루는 두 사람의 태도를 본받고자 '퇴고'란 말을 하며, 이 고사(故事)를 전했다고 한다. 그리고 그것이 오늘날까지 쓰이게 되었다.

글을 쓰는 과정에서 여러 가지 명제와 논리들을 복합적으로 다루면서 자신의 글이 주제의 방향이나 연결, 완결성이 잘 갖추어져 있는 지, 또는 그것들이 주관적인 관점에서만 머물러 있지 않는 지를 판단하기가 쉽지 않다. 그렇기 때문에 글을 마치고 나서 다시 한 번 차근차근 여러 가지 관점에서 살피보지 않으면 안 된다.

먼저 전체를 검토한다. 주제는 틀림없이 말하고자 했던 바의 것인가를 살펴봐야 한다. 그리고 주제에서 일탈한 내용은 없는 지를 살펴봐야 한다. 의도한 바와 다르게 반대로 해석되거나 오해받을 여지는 없는 지의 문제들을 두루 검토해야 한다.

다음으로는 부분적인 문제를 검토한다. 논점이나 단락 등 글의 주된 부분이 유기적으로 연결되어 있는 지, 강조할 부분은 충분히 또는 제대로 강조되어 있는 지를 살펴보아야 한다. 각 부분은 그 중요도에 따라 적당한 비율을 지키고 있는 지, 부분과 부분의 관계는 논리적으로 명료한 지를 살펴보고, 하나의 화제에서 또 다른 화제로 넘어갈 때 그 바뀜을 분명하게 밝히고 있는 지 등에 대해 미진한 부분은 없는 지 등을 살펴보고 고쳐야 한다.

이렇게 전체와 부분에 걸쳐 논리적인 문제를 검토한 다음에는 정서법이나 문법적인 측면도 검토해야 한다.

아무리 글을 잘 쓰는 사람도 퇴고를 정성스럽게 하지 않으면 매끄러운 글을 얻기 힘들다. 전문적으로 글을 쓰는 작가들은 적어도 아홉 번 정도는 다시 살펴 고쳐야만 비로소 퇴고를 할 수 있다고 한다. 훌륭한 주제와 문장을 얻으려면 몇 번의 퇴고과정을 거치는 것은 지극히 당연한 일이라 하겠다.

2 토론으로 오류 찾기

토론과 논술은 얼핏 생각해보면 무관해 보일 것 같지만 두 가지 모두 논리력을 갖추면서 논점을 진행시켜야 한다는 측면에서 매우 밀접하게 관련되어 있다. 다만 토론은 언술을 통해서 다른 사람들과 논쟁을 벌여나가고, 논술은 자신 안에 내재되어 있는 다양한 논의를 가진 캐릭터를 통해 논쟁적 갈래를 글로 풀어간다는 측면이 서로 다를 뿐이다.

또한 논술의 수련과정에서는 상호 토론을 하며 다양한 관점을 서로 나누는 것은 꼭 필요한 과정 중의 하나이다. 당나라 때의 화려한 시풍을 반대하며 새로운 시풍으로 중국 송대 문학의 기초를 확립한 구양수(1007~1072)라는 사람이 있다. 그는 당송 팔대가 중 한 사람으로 꼽힐 정도로 문명이 높은 사람이었지만 끊임없이 글을 짓는 방법을 연구하며 좋은 글을 쓰기 위해서 노력을 아끼지 않았다. 그리고 좋은 글을 쓰고 완성시키기 위해서는 다독(多讀)과 다상량(多商量), 다작(多作)이 필요하다고 하였다. 많이 읽고, 많이 생각하고(헤아리고), 많이 써야(지어야) 한다는 것이다.

원래는 다독(多讀)이이라는 말이 많이 들어야 한다는 다문(多聞)이라는 말이었다고 하며, 다상량(多商量)이라는 말은 많이 생각해야 한다는 의미로 다사(多思)라는 말로 쓰이기도 하였다. 하지만 여기에서 주목해볼 필요가 있는 것이 다상량의 상(商)자가 아닌가 싶다.

오늘날 주로 장사 상(商)이라는 뜻으로 쓰이는 상(商)이란 뜻의 주된 본래 의미는 '추측하다'와 '헤아리다'이었다. 그것이 셈을 한다는 의미인 헤아린다는 의미로 전환되어 장사 상(商)이라는 뜻으로 쓰이게 된 것으로 추측된다.

이러한 말의 뜻을 합해 보면 어떤 판단을 근거로 삼아 다른 판단을 이끌어 내는 '추론(推論)'을 연상하게 되는데, 이러한 연상이 토론과 무관치 않다는 것을 알게 한다. 또한 다문(多聞)의 의미로 연상되는 커뮤니케이션(Communication)의 의미가 논술과 토론의 밀접함을 짐작하게 하는 것이다.

이 책의 서두에서도 밝힌 바 있지만 토론을 통해서 논술을 이뤄간다는 것은 시간성과 공간성을 교합하는 좋은 방법이다. 토론을 적극적으로 활용해서 다양한 관점의 논술을 펼쳐가며 치열한 논쟁점으로 논지를 펴나가야 할 것이다.

또한 바둑에서 복기를 하듯 이미 작성되어 있는 글을 다 함께 파헤쳐서 어떤 문제가 있고 어떤 오류들이 있었는지를 역으로 추론해 보는 것이 논술의 식견을 제대로 확립시키는 바람직한 과정이라 본다.

3 논술의 객관화

토론을 하다보면 각자의 생각에서 나오는 다양한 관점들을 듣게 된다. 이러한 것들이 내 안에서 소극적으로 또는 단순하게 파악되었던 관점들을 다양화시킨다.

우선은 이러한 다양한 관점들을 개별적인 상태에서 충분히 생각해볼 필요가 있다. 그리고 이러한 과정 속에서 또 하나의 결합된 관점이 생기게 되는데, 이것은 곧 논제에 접근하는 나만의 패러다임(Paradigm)이라 할 수 있다. 이러한 논리를 이 책의 앞부분에서 말한 바 있는 사각형 틀의 논리로 이해해 볼 수 있다.

정사각형이 종과 횡 4열로 배열되어 있을 때 전체 정사각형의 수는 16개가 된다. 하지만 이 안에서 우리는 정사각형의 결합된 또 다른 정사각형이라는 범위를 발견하게 된다. 이렇게 16개의 정사각형 안에서 정사각형의 범위를 가진 정사각형의 수는 더 많은 수가 된다.

여기에서 최초의 정사각형 하나씩을 '개념' 혹은 각각의 '명제'라 하자. 그리고 결합되어 가는 과정 속에서 작게 혹은 크게 결합되는 의미를 진리의 실체에 접근하는 논리의 틀인 패러다임이라 한다면 우리는 그것이 크고 작은 논리의 틀에 따라 논리의 크기와 깊이가 생성되는 것을 볼 수 있다.

논리는 다양해질수록 객관적일 수 있다. 좀 더 깊이 있는 설득력을 가질 수 있다. 다양한 논리 속에서 찾아지게 되는 보편성이 우리가 찾고자 하는 진리의 본 모습이 아닐까 한다.

4 오류의 발견과 수정

논술을 하기 전에는 먼저 토론을 하여야 한다. 주제를 정해 놓고 조사해 온 자료를 바탕삼아 적극적으로 자신의 의견을 개진하며 논쟁점도 찾고 그러한 논쟁점을 합리적인 방식으로 풀어나가야 한다. 상대가 없다면 제 안에서 들끓는 다양한 논쟁점을 가진 수많은 캐릭터를 내세워서 토론을 시켜야 한다. 그리고 차근차근 글로 정리해 놓는 것이 논술이라고 할 수 있을 것이다.

다음으로 글을 하나 완성시키고 나면 다시 토론을 해야 한다. 토론할 상대가 없다면 이후에 누군가에게라도 반드시 읽혀서 자신의 한계로 인해 만들어진 오류를 수정해야 한다.

주변에 있는 친구나 지인에게 읽히는 것을 망설이지 말아야 한다. 보는 눈이 열배라고 했다. 상대가 나와 거의 같은 수준이면 그가 내 글을 보고 말해주는 것은 열배 이상의 객관적인 관점에서 충고를 들을 수가 있다는 것이고 상대가 자신보다 많이 미숙한 경우라도 글을 읽고 판단하는 것은 몇 배 더 앞서 있다는 것을 생각해야 한다. 상대가 문제를 정확하게 설명하지는 못하더라도 어느 부분에서 고개를 갸웃거리면 그곳에 있는 미심쩍은 사항이나 오류는 내가 다시 한 번 주의 깊게 살펴 발견하면 된다.

우리는 간혹 패러다임에 얽힌 관념(원관념)과 관념(보조관념), 명제(중심명제)와 명제(보조명제)를 생각하면서 어떻게 서로 유기적인 관계로 주제문장을 세울 것인가를 생각하고, 나아가서는 자신의 문장 안에서 궁극적으로 구현되어야 하는 주제를 어떻게 성립시킬 것인가를 생각한다.

이때 난립하는 여러 생각들을 차근차근 결합할 수 있는 논리의 줄기를 갖지 않으면 안 된다. 이러한 논리 줄기를 찾는 방법을 노드(node)와 링크(link)의 개념으로 정리해 볼 수 있다. 관념의 덩어리(매듭)를 노드의 개념으로 두고 관념과 관념 혹은 명제와 명제를 연결하는 고리를 링크의 개념으로 두는 것이다.

링크의 방향은 오직 일방향일 수는 없으며 획일적일 수도 없다. 관념과 관념, 명제와 명제를 복합적인 관계로 엮을 수도 있다. 이렇게 다양한 구도 속에서 나만의 구도를 찾는 것이다.

토론을 하는 데 있어서의 노드와 링크의 개념 인식은 필수적이라고 할 수 있다. 또한 토론을 하면서 키워드를 하나하나씩 정리해 두어야 한다. 그것이 논술의 기초적인 토대가 되는 것은 다시 말할 필요조차 없다.

일반적으로 많이 범하는 오류를 살펴보면 다음과 같다. 이러한 오류를 하나하나 잘 살펴서 자신이 말하고자 하는 것에 대한 논리를 튼튼하게 해야 한다. 그리고 함께 토론하면서 이러한 오류들을 상대에게 서로 지적해주는 것이 좋다. 그것은 곧 자신의 논리를 더욱 강화시키는 결과가 되기도 한다.

***오류를 발생하게 하는 요인들**

1) **감정에 호소** : 동정, 연민, 공포, 증오 등의 감정에 호소해서 논지를 받아들이게 하는 경우.

2) **쾌락, 유머에 호소** : 사랑, 쾌락, 재미 등에 의해 논지를 받아들이게 하는 경우.

3) **사적인 관계에 호소** : 사적 관계의 정분을 내세워 논지를 받아들이게 하는 경우.

4) **아첨에 호소** : 아첨을 하며 상대방의 기분을 자극하여 흡족하게 함으로써 논지를 받아들이게 하는 경우.

5) **군중에 호소** : 군중 심리를 자극하여 논지를 받아들이게 하는 경우.

6) **부적합한 권위에의 호소** : 소견 논거를 끌어들일 때, 논지와 직접적인 관련이 없는 권위자의 주장과 견해를 근거로 신뢰하게 하는 경우.

7) **인신공격** : 주장하는 사람의 인품, 직업, 과거정황 등이 비난

받아 마땅함을 내세워서 그의 주장 자체를 잘못된 것으로 받아들이게 하는 경우.

8) **정황에의 호소** : 어떤 사람의 입장, 신분, 처지 등의 정황을 내세워서 그의 생각이나 행동을 비난하거나 옹호하며 자기 주장의 당위성을 입증하려는 경우.

9) **다른 잘못에 호소** : 자신이 비판받은 바를 상대방에게도 동일하게 공격함으로써 논쟁의 초점을 상대방에게로 돌리거나 자기를 합리화하려는 경우.

10) **우물에 독약 치는 경우** : 반론의 가능성이 있는 요소를 원천적으로 비난하고 자기의 주장을 받아들이지 않을 경우 비난을 받는다거나 어떠한 해를 입을 수 있음을 암시하면서 자신의 주장에 따르도록 하는 경우.

11) **성급한 일반화** : 제한된 정보, 부적합한 증거, 대표성이 결여한 사례를 근거로 마치 전부가 그런 것처럼 일반화하는 경우.

12) **잘못된 유추** : 유사성이 없는 측면까지 유사성이 있는 것처럼 비유를 부당하게 적용하는 경우.

13) **무지에의 호소** : 어떤 주장에 대해 증명할 수 없거나 결코 알 수 없음을 들어 거짓이라고 반박하는 경우.

14) **논점 일탈** : 원래의 논점과는 다른 방향으로 논지를 이끌어 감으로써 무관한 결론에 이르게 하려는 경우.

15) **우연의 적용** : 일반적으로 그러함을 들어 특수한 경우에도 그와 똑같음을 내세우는 경우.

16) **원칙 혼동** : 상황에 따라 적용되어야 할 원칙이 다른데도 이를 일상적인 상황과 혼동하게 하는 경우.

17) **의도 확대** : 의도하지 않은 결과에 대해 원래부터 어떤 의도가 있었다고 확대 해석하는 경우.

18) **잘못된 인과 관계** : 단순한 선후 관계로서 인과관계가 없는 사실에 대해 앞의 사실이 뒤의 사실의 원인이 된다고 판단하게 하는 경우.

19) **발생학적 적용** : 어떤 사실의 기원이나 출신 성분 등을 문제 삼아 거기에서 생겨난 것도 똑 같은 속성을 지닌다고 판단하게 하는 경우.

20) **합성, 분할의 일반화** : 구성 요소의 속성을 전체도 똑같다고 하거나 전체의 속성을 그 구성 요소도 가진다고 판단하게 하는 경우.

21) **흑백 논리** : 어떤 집합의 원소가 이것이 아니면 저것일 수밖

에 없다고 단정 짓는 경우.

22) **복합 질문의 적용** : 하나의 질문 안에 둘 이상의 판단 요소를 포함시켜 질문함으로써 그 대답 여하에 관계없이 자기에게 유리하게 해석하려는 경우.

23) **수레를 말 앞에 놓는 경우** : 일의 우선순위가 지켜져야 함에도 불구하고 그 진행 순서를 뒤바꿔서 문제의 핵심에서 벗어나게 하려는 경우.

24) **애매어의 사용** : 두 가지 이상의 의미를 가진 말을 하나의 판단 안에서 각기 다른 의미로 애매하게 사용함으로써 잘못된 결론에 이르게 하는 경우.

25) **은밀한 재정의** : 용어의 의미를 자의적으로 다시 정의하여 원래 그러한 의미를 지닌 것처럼 사용하면서 잘못된 결론을 이끌어 내려는 경우.

26) **애매문의 적용** : 문법적 구조의 애매함 때문에 어떤 문장의 의미가 두 가지 이상으로 해석되는 경우.

27) **강조** : 문장의 어느 한 낱말이나 구절을 강조하여 말하며, 주장의 핵심을 잘못 받아들이게 하는 경우.

28) **정의에 의한 존재 강요** : 가정적(假定的)으로 어떤 존재를

정의한 것인데도 불구하고 그에 따라 그 존재가 실재(實在)한다고 믿게 하려는 경우.

29) **'이다'를 혼동하게 하는 경우** : 대상의 속성을 밝히는 데 사용하는 술어적인 '이다'와 정의를 내리는 동일성의 '이다'를 혼동하게 하는 경우.

30) **범주의 혼동** : 서로 다른 범주에 속하는 것을 같은 범주의 것으로 혼동하게 하는 경우.

*탐구과제

1. 16개의 정사각형 안에서 직사각형까지 찾아보자. 그리고 각각의 사각형 안에는 사각형만 존재하는지를 생각해 보자.

2. 다음의 글을 읽고 어떠한 오류가 있는지 살펴보자.

모든 사람들이 같이 일하고 동등하게 분배 받는 것을 원칙으로 하는 사회주의의 창시자인 칼 마르크스는 산업 혁명을 지나서 생산 수단을 지닌 계층 위주로 독재가 되었던 시대에 노동자들에게 실낱같은 희망을 가져다주었다. 마르크스는 그 당시 자본주의를 적나라하게 비판하고 있었다. 인간의 욕심은 무한하나 재화는 한정되어 있으므로 생산 수단을 가지고 있는 고용자들은 더 많은 이윤을 추구하게 되고 이로 인해 임금이 더 낮은 아이나 여성의 노동 착취는 더 심해졌다. 그리고 노동자의 임금이 점점 낮아지게 되었다. 이러한 결과 때문에 마르크스는 그 시대에는 획기적인 사상인 사회주의 사상을 전파시키려고 노력하고 더 많은 사람들이 알 수 있게 노력하였다. 하지만 지금 우리 사회에서 사회주의가 과연 성공한 사회일까 하는 의문을 갖게 한다. 지금 사회주의 국가는 빈곤에 허덕이고 경제적인 상황이 좋지 않은 나라가 주를 이룬다. 자본주의의 부의 불평등 문제를 해결하려 사회주의가 등장했지만 이러한 상황이 일어나게 된 원인은 무엇일까?

마르크스는 우선 생산 수단을 국유화하려 했다. 그 이유는 생산 수단을 국유화함으로써 지배, 피지배 계층을 없애고 다 같이 노동하고 같은 양을 분배받으려고 했다. 이렇게 하면 갈등 없이 좋은 사회가 될 수 있을 것이라고 믿었다. 하지만 이런 생각은 인간의 욕심이라는 본성을 염두에 두지 못하고 고안해낸 사상이었다. 인간의 욕심은 가질수록 더 커지는 특성을 가지고 있기 때문에 마르크스의 사회주의 사상이 당시에는 획기적이고 성공적인 생각일 수는 있지만 장기화되지 못한 이유가 된다.

마르크스가 유토피아 같은 사회주의 사상을 창조하게 된 원인은 마르크스 그 자신 안에 있다. 마르크스는 부르주아 집안에서 태어났다. 그러나 마르크스는 더 이상 노력하지 않고 돈을 흥청망청 쓰며 놀기만 바빴고 그러면서 점점 그의 집안은 몰락하게 되었다. 그러다가 아버지를 여의고 나서 공부를 하기 시작한다. 그리고 자신이 낮은 계층에서 본 자본주의 사회는 상위 계층만 부를 축적할 수 있는 구조로 이루어져 있다는 것을 발견한다. 세상에서 지배계급과 피지배계급이 나타나는 것은 인간이 모여 살기 시작할 때부터 나타난 어쩔 수 없는 이치이다. 그리고 그렇게 오랜 시간 동안 그러한 구조가 이어져 온 것을 보면 사회를 구성하고 유지하는데 가장 최선의 방법인 줄도 모른다. 그런데 마르크스는 자신이 살아왔던 환경과 현실의 환경이 다름으로써 이전에 살아 왔던 삶으로 돌아가기를 원했고 그래서 누구나 평등하고 일도 동등하게 같이 일하는 사회를 통하여 자신의 현재 상황을 조금이나마 탈피하고 싶었을 것이다. 그리하여 사회주의 사상은 창조되었을 것이다.

이렇게 마르크스는 당시로서는 획기적인 사회주의라는 이론을 창조했다. 그리고 이 이론은 인간의 본성을 무시한 채 창조된 이론이기 때문에 사회적인 제도로 정착시키는 데는 무리가 있는 이론이라고 평가받고 있다. 하지만 마르크스가 사회주의 사상을 통하여 자본주의의 한 쪽 면만 바라보고 있던 우리에게 다른 반대쪽 면도 볼 수 있게 도움을 준 것은 사실이다. 지배계급의 가혹한 피지배계층의 착취와 분배, 또는 그렇게 생성된 불평등은 자본주의의 가면에 의해 겉으로 드러나지 않았지만 마르크스는 그것을 드러내어 우리가 해결해야할 문제를 일깨워 주었다.

– '학생의 글'

쉬어가는 페이지 - 시각장애인 코끼리 만지기 1

앞이 보이지 않는 사람 다섯 명이 길을 가다 코끼리를 만났다. 그들은 사물을 볼 수가 없었기 때문에 코끼리에 대해 알아보려면 코끼리를 손으로 만져 보는 수밖에 없었다. 모두 코끼리를 만져본 그들은 자신이 만진 코끼리의 부분을 전체라고 생각했다.

어떤 사람은 코끼리의 다리를 만졌고 어떤 사람은 귀를 만졌다. 그리고 또 다른 사람들은 각각 코, 꼬리, 몸통 등을 만졌다. 그리고 그들은 모두 '나는 코끼리가 어떻게 생겼는지 알고 있다' 고 말했다.

코끼리의 다리를 만진 사람은 '코끼리는 기둥처럼 생겼다' 고 말했고, 귀를 만진 사람은 '코끼리는 큰 부채처럼 생겼다' 고 말했다. 그리고 나머지 사람들도 자신이 만진 코끼리의 부분을 코끼리라고 말했다.

그들이 코끼리의 일부분을 만져 보기는 했으나 전체를 알 수는 없었다.

사물을 볼 수 없으면 전체적인 사물을 인지할 수 없다.

이(理)를 모르면 비리(非理)도 모른다.

법(法)을 모르면 비법(非法)도 모른다.

형식(形式)을 모르면서 비형식(非形式)을 알 수는 없다.

시각장애인 코끼리 만지기 2 - 쉬어가는 페이지

앞이 보이지 않는 사람 다섯 명이 길을 가다 코끼리를 만났다. 그들은 사물을 볼 수가 없었기 때문에 코끼리에 대해 알아보려면 코끼리를 손으로 만져 보는 수밖에 없었다. 모두 코끼리를 만져본 그들은 자신이 만진 코끼리의 부분을 전체라고 생각했다.

어떤 사람은 코끼리의 다리를 만졌고 어떤 사람은 귀를 만졌다. 그리고 또 다른 사람들은 각각 코, 꼬리, 몸통 등을 만졌다. 그리고 그들은 모두 '나는 코끼리가 어떻게 생겼는지 알고 있다'고 말했다.

코끼리의 다리를 만진 사람은 '코끼리는 기둥처럼 생겼다'고 말했고, 귀를 만진 사람은 '코끼리는 큰 부채처럼 생겼다'고 말했다. 그리고 나머지 사람들도 자신이 만진 코끼리의 부분을 코끼리라고 말했다.

그들이 코끼리의 일부분을 만져 보기는 했으나 전체를 알 수는 없었다.

그러나 세상은 부분을 통해 보인다.

눈에 보이는 것이 깨달음을 방해하는 요소가 된다.

무한한 상상 속에서 창의력이 생긴다.

우리가 진정으로 보고자 하는 것은 형상이 아니라

그 너머에 있는 존재의 의미인지도 모른다.

제7장 비논리의 논리

1 아포리아

논술이 논리적 체계에 입각해서 글쓰기를 하는 것이라면 시, 소설 등과 같은 문학은 묘사와 서사를 바탕으로 비논리적인 글쓰기를 하는 것이라 할 수 있다. 특히 비논리적 글쓰기 중에서도 시(詩)를 그 대표적인 장르라 말하고 있는데, 이는 문학적 글쓰기가 처음부터 시와 같은 장르로 출발했기 때문일 것이다.

그리고 이러한 비논리적인 글쓰기의 형태를 아포리아로 설명할 수 있는데, 아포리아는 논리의 원형이라 할 수 있는 대화법을 통하여 문제를 탐구하는 도중에 부딪치게 되는 어려운 문제를 말한다. 하지만 해결하기 어려운 이 문제는 해결하지 못하는 문제로 그냥 버려지는 것이 아니라 다른 방법이나 관점에서 새로이 탐구하는 출발점이 된다.

그렇기 때문에 비논리인 형태를 대표하는 아포리아라 해도 논리적 개연성이 있어야 한다. 그래야만 비논리적 상황에서 암시하거나 구현하는 형상성, 다시 말해 글을 쓰는 목적성을 확보할 수 있기 때문이다. 앞부분의 플롯 부분에서도 살펴보았듯이 플롯이 내적 정황을 중심으로 한 것이라도 의미적으로나마 처음과 중간과 끝이라는 단계적 인식이 없다면 어떤 내용이든 허황함 그 자체 밖에는 전달할 수 없기 때문이다.

우선 논리적인 글쓰기와 비논리적인 글쓰기의 경계는 어떤 기준으로 설정할 수 있는지를 생각해 볼 필요가 있다. 그리고 비논리에 어느 정도의 논리적 해체성이 존재한다면 비논리의 영역 안에서의 형식 해체와 그의 기준점이 되는 형식이라는 정체의 범주는 어떻게 구분 지을 수 있을까를 생각해 봐야 한다.

이때에도 노드와 링크의 개념으로 정리해볼 수 있을 것이다. 익히 알려진 바와 같이 구조적인 논리의 틀을 노드 포인트로 구체적인 명시를 하고 있으면 그것은 논리적인 글이 될 것이고 그렇지 않으면 비논리적인 경향의 글이 될 것이다. 또한 해체의 기준도 링크의 개념으로 이해할 수 있다. 사회 역사적인 의미, 신화적인 의미, 형식주의적인 의미, 심리주의적인 의미 등의 여러 요소들과 관념 혹은 개념들과의 연결을 노드로 고려해 링크해 볼 수 있다.

이때에 서로 관계하는 원관념과 보조관념이 하나의 노드로 연결될 수만은 없다. 원관념의 방향은 보조관념 쪽으로 향해 있는데, 그 거리가 멀고 많은 노드의 개념을 요구할수록 쉽게 설명되기보다는 난해한 문제에 봉착하게 된다. 이때 발생하는 문제는 문제 자체에 그치는 것이 아니라 많은 상상력을 불러일으키기도 하고, 어떤 의도되지 않았던 새로운 화두와 같은 문제를 만나기도 한다.

이러한 과정을 반복하면서 인간은 스스로 지니고 있는 본질적인 문제를 통해 깨달음을 얻게 되는 것이다. 어떻게 보면 아이러니하게도 궁극적으로 논리성이 추구하는 것은 비논리적인 것인지도 모른다. 또한 비논리라고 생각해오는 아포리즘적인 요소들은 지극히 논리적일 수 있고, 어쩌면 이미 그 단계는 초월된 상태인지도 모른다. 때문에 우리는 좀 더 세련되고 고급스런 글을 쓰기 위해서 비논리의 논리(아포리아)에 관심을 기울여야 할 것이다.

아포리아(aporia)는 그리스어로 앞에서 부분적으로 밝힌 바와 같이 대화법을 통하여 문제를 탐구하는 도중에 부딪치게 되는 해결할 수 없는 어려운 문제를 말한다. 하지만 이 문제는 해결하지 못하는 것으로 버려지는 것이 아니라 다른 방법이나 관점에서 새로이 탐구하는 출발점이 된다.

소크라테스는 대화의 상대를 아포리아에 빠뜨려 무지(無知)를 자각케 하였으며, 아리스토텔레스는 아포리아에 의한 놀라움에서 철학이 시작된다고 하였고, 플라톤은 로고스(사물의 존재를 한정하는 보편적인 법칙, 행위가 따라야 할 준칙, 이 법칙과 준칙을 인식하고 이를 따르는 분별과 이성)의 전개로부터 필연적으로 생기는 난관을 아포리아라고 하였다.

이러한 아포리아를 구현하기 위한 방법, 또는 그것을 읽어내는 측면을 상징과 은유, 환유 그리고 아이러니의 관점에서 살펴보기로 한다. 또한 논리적인 글을 쓸 때에도 이러한 것들은 부분적으로 글의 분위기와 묘미를 살리고 새로운 의미를 창출하는 데 적극적으로 활용되기 때문이다.

2 상징

대부분의 현대적 글쓰기는 상징적으로 이루어진다. 글쓰기가 역사를 기술하거나 자신의 전기를 기술하는 것이 아닐 뿐더러 자신의 심상이나 말하고자 하는 바를 효과적으로 또는 흥미 있게 전달하기 위해서는 상징적으로 묘사하고 비유해야 하기 때문이다. 또 이러한 상징적 글쓰기는 상징이 갖는 특성이 발휘되며 보다 더 높은 차원의 의미를 갖는 글쓰기를 이루게 한다.

상징(象徵, symbol)은 사물을 전달하는 매개 작용을 하는 것을 통틀어 이르는 말이다. 어떤 것이 그 성질을 직접 나타내는 기호(sign)와는 달리 상징은 그것을 매개로 하여 다른 것을 알게 하는 작용을 가진 것이라고 할 수 있다. 따라서 상징은 하나의 이미지가 다른 하나의 관념을 암시하거나 환기시킨다. 그렇게 함으로써 의미는 더욱 확대되고 인간의 정신적인 활동의 영역은 더욱 넓어지는 것이다.

상징의 종류로는 대략적으로 개인적 상징, 대중적 상징, 원형적 상징 등으로 나눌 수 있다.

개인적 상징은 작품 하나의 단일한 상징을 말하며, 말 그대로 개인적인 것이기 때문에 보편적이지 않아서 난해한 측면이 있다. 예를 들어 '고양이'라는 대상을 바라보는 측면에서 '고양이'에 관한 개인의 경험적인 요소는 사람마다 모두 다를 수밖에 없는데, 그러한 '고양이'를 통해 자신의 심정을 드러내는 글을 쓸 때 사람마다 표현하고자 하는 심상이 달라서 그것이 독특하게 표현될 때는 잘 이해가 되지 않을 수 있다는 것이다. 더욱이 요즘처럼 개성 있는 글을 요구하고 그러한 경향을 많이 좇아가는 상황에서는 이러한 경우가 더 많을 수밖에 없다.

대중적 상징은 인습적 상징, 제도적 상징, 자연적 상징, 알레고리성 상징, 문학적 전통의 상징, 종족 문화적 상징 등이라 말하며 일반적으로 전통, 전래적인 측면에서 많이 알려진 측면이 있는 상징이다.

그리고 원형적 상징은 역사나 문학, 종교 풍습 등에서 수없이 되풀이된 이미지나 화소, 테마 등이 갖는 암시적 효과를 말한다. 한 마디로 근원적인 요소를 갖는 상징을 말한다. '사랑' 하면 떠오르는 종교적인 요소들(크리스트의 사랑, 부처의 자비, 공자의 인 등), '정복자' 하면 떠오르는 역사적인 인물(칭기즈칸, 나폴레옹 등)들이 그런 의미들의 원형적 상징의 요소들을 말하는 것이다.

이러한 상징의 특성을 동일성, 암시성, 다의성, 입체성, 문맥성 등으로 살펴본다.

* 동일성의 원리

비유에서 원관념과 보조관념은 서로 이질적이면서도 유사함을 근거로 하여 결합된다. 그러나 상징은 원관념과 보조관념이 하나의 완전한 결합체가 된다. 상징에 있어서 개념(원관념)과 이미지(보조관념)는 동시적이고 공존적이어서 분리될 수 없이 일체가 되어 있는 것이다. 이것이 상징의 본질적 요소로서의 동일성이며, 이렇게 관념과 이미지가 일체화되어 있는 상징의 동일성은 암시성, 다의성, 입체성, 문맥성 등을 하위속성으로 지닌다.

1) 암시성

상징의 존재양식이 본래적으로 원관념이 숨고 보조관념만 제시되어 있는 것이기 때문에, 상징은 감춤과 드러냄의 양면성을 필연적으로 지닌다. 하지만 상징은 감춤의 성질만도 아니고 드러냄의 성질만도 아니다. 그렇기 때문에 상징이 반투명성으로도 정의되는데, 이처럼 감춤과 드러냄의 이중적 성격으로 인해 신비의 여운이 항상 남아 있기 마련이다.

> 오렌지에 아무도 손을 댈 순 없다.
> 오렌지는 여기 있는 이대로의 오렌지다.
> 더도 덜도 할 수 없는 오렌지다.

내가 보는 오렌지가 나를 보고 있다.

마음만 낸다면 나는
오렌지의 포들한 껍질을 벗길 수도 있다.
마땅히 그런 오렌지
만이 문제가 된다.

마음만 낸다면 나는
오렌지의 찹잘한 속살을 깔 수도 있다.
마땅히 그런 오렌지
만이 문제가 된다.

그러나 오렌지에 아무도 손을 댈 순 없다.
대는 순간
오렌지는 이미 오렌지가 아니고 만다.
내가 보는 오렌지가 나를 보고 있다.

나는 지금 위험한 상태에 있다.
시간이 똘똘
배암의 또아리를 틀고 있다.

그러나 다음 순간,
오렌지의 포들한 거죽엔
한없이 어진 그림자가 비치고 있다.
오 누구인지 잘은 몰라도.

—신동집의 「오렌지」

이 시는 상징이 갖는 이중적인 암시성을 서로 표현한 느낌을 주고 있다. 화자는 1연에서 '오렌지에 아무도 손을 댈 순 없다'고 단정한다. 그리고는 2, 3연에서 '마음만 낸다면 오렌지의 포들한 껍질을 벗길 수도 있고 찹잘한 속살을 깔 수도 있다'고 한다. 그러나 다음 '오렌지에 손을 대는 순간 오렌지는 오렌지가 아니고 만다'고 한다. 그리고 이 순간부터 화자와 오렌지는 서로 응시하는 관계가 된다.

주도적으로 어떤 행위를 행사할 위치에만 있던 화자가 이 순간부터 오렌지에게도 비쳐지는 대상이 되고 있는 것이다. 그러면서 지금까지 위험한 상태에 있던 오렌지가 아니라 오렌지에게 보이는 화자인 '나'가 위험한 상태가 된다. 이것은 주객의 전도가 아니라 내가 오렌지가 될 수도 있고 오렌지가 나도 될 수 있다는 동일화의 느낌을 주고 있다. 또한 시간이 똘똘 똬리를 틀면서 오렌지와 화자는 일체가 되는 듯하고 이러한 관계에서 발생하는 수많은 암시가 어떤 비밀스런 여운을 남기고 있다.

'한없이 어진 그림자'는 운명 같은 화자와 오렌지의 만남 같은 의미로 비쳐지기도 하고 화자와 오렌지의 운명을 관장하는 조물주의 기운 같기도 하다. 그리고 서로의 본질을 응시하는 순간부터 서로의 의미에 대해 본질적으로 한층 더 다가가는 마음 상태처럼도 보인다. 이러한 의미의 어진 마음이 배제되고 나면 먹고 먹히는 살벌한 현상적 관계만 적나라하게 비쳐질 수밖에 없기 때문이다. 또 그렇게 비쳐지는 현상적인 암시를 통해 시인은 인간과 사물의 존재감과 상호 대립하면서도 융합할 수밖에 없는 관계의식을 말하고 있는 듯하다.

2) 다의성

문학적 용어는 단순한 것이 아니라 복잡한 성질의 것으로서 함의적으로 사용되는 용어이다. 바꿔 말하면 다의적이라 할 수 있는 것이다. 이렇듯 하나의 상징은 여러 개의 원관념을 환기할 수 있다. 또한 상징은 여러 가지 의미를 내포하고 있다는 점에서 알레고리와 구별된다. 역사적 · 시대적 삶의 의미를 효과적으로 표현하는 알레고리는 교훈적 성격을 띠며 원관념과 보조관념의 관계가 1:1로 형성되지만 상징은 원관념과 보조관념의 관계가 多:1이 된다.

> 님은 갔습니다. 아아 사랑하는 나의 님은 갔습니다.
>
> 푸른 산빛을 깨치고 단풍나무 숲을 향하여 난 적은 길을 걸어서 차마 떨치고 갔습니다.
>
> 황금의 꽃같이 굳고 빛나던 옛 맹서는 차디찬 티끌이 되어서 한숨의 미풍에 날어갔습니다.
>
> 날카로운 첫 키스의 추억은 나의 운명의 지침(指針)을 돌려 놓고 뒷걸음쳐서 사라졌습니다.
>
> 나는 향기로운 님의 말소리에 귀먹고 꽃다운 님의 얼굴에 눈멀었습니다.
>
> 사랑도 사람의 일이라 만날 때에 미리 떠날 것을 염려하고 경계하지 아니한 것은 아니지만, 이별은 뜻밖의 일이 되고 놀

란 가슴은 새로운 슬픔에 터집니다.

그러나 이별을 쓸데없는 눈물의 원천을 만들고 마는 것은 스스로 사랑을 깨치는 것인 줄 아는 까닭에, 걷잡을 수 없는 슬픔의 힘을 옮겨서 새 희망의 정수박이에 들어부었습니다.

우리는 만날 때에 떠날 것을 염려하는 것과 같이 떠날 때에 다시 만날 것을 믿습니다.

아아 님은 갔지마는 나는 님을 보내지 아니하였습니다.

제 곡조를 못 이기는 사랑의 노래는 님의 침묵을 휩싸고 돕니다.

–한용운의 「님의 침묵」

「님의 침묵」은 '님이 침묵하는 시대'의 '님'을 잃은 슬픔과 새로운 신념을 노래한 서정시로 시집 『님의 침묵』의 전체 주제를 함축한 표제 시로서 서시(序詩)의 역할을 하는 작품이다. 다의적 측면에서 자주 인용되는 이 시에서 '님'의 원관념은 무엇인가에 대하여 많은 논의가 있다. 시인이 독립투사이기 때문에 '님'의 원관념은 조국과 민족이라는 설, 불가에 있었으니 부처라는 설, 또한 이성적 대상이라는 설들이 있다. 이와 같이 한용운 시의 '님'은 다의성을 지닌 상징의 형식이 되고 있는 것이다.

또한 이 시는 상상력의 구심점이 되고 있는 '님'이 누구이냐에 따라 시의 내용과 주제가 달라질 수 있다. '님'을 '조국' '불타(佛陀)' 또는 '조국과 불타가 일체가 된 존재'로 다수의 사람들이 해석하기도 한다. 그러나 이러한 단편적인 해석들은 '님'이 지니는 전체 의미를 드러내지 못하고 일부 의미로 한정시켜 버릴 수가 있다. 시집 『님의 침묵』의 서문에서 시인이 "님만이 님이 아니라, 기룬 것은 다 님이다." 라고 말한 것처럼 '님'은 화자가 그리워하는 모든 존재를 지칭하는 의미로 보는 것이 좋을 듯하다.

사랑을 훔친 내 가슴이 아프다.
오늘도 독수리 한 마리,
불 같이 뜨건 내 가슴을 파내고 있다.
시퍼런 부리에 간이 찢기고 심장이 쪼이고
흉부가 너덜대는 프로메테우스의 낮,
부푼 가슴 다시 찢기는 시간에
나는 엑스레이를 찍으러 간다.
간을 쪼이던 가슴인 줄 알았으나,
날마다 뭉그러지는 가슴인 줄 알았으나
사진에 찍힌 건 한 마리,
중년 독수리의 흉상이었다.
잦은 부리질로 부리에 금이 갔다 한다.
경추 3번 목뼈에 이상이 있는 듯도 하단다.
그래도 나는 가슴만 아프다.
밤사이 짓무른 사랑 다져 놓으려고
지친 모가지 부리질하고 있어도,
나는 여전히 가슴만 아프다.

—김광기의 「프로메테우스의 간」

위의 시 「프로메테우스의 간」에서는 다양한 다의성을 보인다. 프로메테우스는 그리스 신화에 나오는 티탄 족의 영웅으로 인간에게 불을 훔쳐다 주어 인간에게는 불의 문화, 인간 문명의 시초를 열어준 은인이다. 하지만 그로 인하여 제우스의 노여움을 사서 코카서스의 바위에 묶여 낮에는 독수리에게 간을 쪼이고 밤에 다시 되살아난 간을 다음 날 다시 쪼이는 고통을 받았다고 한다. 그렇기 때문에 이 시의 서두에 나오는 '사랑'은 단순한 '사랑'만은 아닐 것이다. 그것은 '불같은 사랑'일수도 있겠지만 개인적인 '문명의 산물'일 수도 있고 문명을 일으키고자 하는 '이성적인 인식'일 수도 있다. 몰랐으면 좋았을 것을 너무 많은 것을 알려고 했기 때문에 고통을 받는 과정을 내적 심정으로 진술한 측면으로 이해할 수도 있다는 것이다.

지식과 정보라는 것이 누군가 만들어 놓은 결과물이기 때문에 그것을 취한다는 것은 프로메테우스가 불을 가져오는 것과 같이 몰래 가져오는 의미와 같다고 할 수 있을 것이다. 그리고 그것을 누군가 가져다주는 것인 줄 알았는데 알고 보니 그것은 누군가 가져다 준 것이 아니라 스스로 취한 결과라는 의미로 읽어낼 수 있다.

여러 가지 의미가 응축되어 있기는 하지만 '경추 3번 목뼈'의 의미를 주목해 볼 필요가 있다. '경추'는 머리뼈와 등뼈 사이에 있는 목뼈를 말한다. 모양이 대부분 작고 납작하며 가로로 난 횡돌기에 척추동맥·정맥·교감신경 총이 지나가는 구멍이 있다. 환추(1경추)와 축추(2경추)는 생김새가 달라 비전형적 경추라고 하며, 3경추부터 7경추까지는 모양이 비슷하여 전형적 경추라고 한다. 경추 속에 있는 척수강으로는 뇌에서 사지로 전달하는 운동신경, 사지와 몸통 각 기관에서 뇌로 전달하는 감각신경들이 척수로 되어 지나간다. 경추 앞쪽으로는 심장박동·호흡·소화 기능을 조절하는 자율신경, 양쪽에는 대뇌에 혈액을 공급하는 동맥이 지나가는 인체의 가장 중요한 길목 중의 길목이라고 할 수 있다.

또한 '3'이라는 의미는 동양철학에서 핵심적인 의미를 제공하는 기호라고 할 수 있다. 주역(易經)에서는 우주세계를 관통하는 세 가지의 법칙이 있다고 하는데, 그 첫 번째가 '세계는 끊임없이 변역(變易)한다'는 것이고, 두 번째는 '우주에는 불변의 법칙이 있다'는 것이며, 세 번째로는 '우주는 음양의 대립으로 전화(轉化)한다'는 것이다. 이 세 가지의 의미가 상징화된 3효(爻)가 형성되고, 이것은 다시 8괘, 64괘로 확장되어 인간지사의 길흉화복을 담고 있다고 하는 것이다. 이러한 원리는 동양철학의 단초가 되었으며 오늘 날까지 그 의미는 우리 의식 깊숙이 자리 잡고 있는 실정이다.

이러한 경추 3의 의미와 주역에서 말하는 3효의 상징적인 의미가 작품 안에서 작용되었으면 하는 시인의 의도가 있는 것이다. 그것은 현실적인 물리적 환경과 정신적인 운명론을 함의하고자 하는 의도로 읽히기를 기대하는 것이다. 물론 이러한 의도는 독자에게 전달되면서 오류가 발생할 수 있다.

3) 입체성

상징이 관념이나 정서와 같은 추상적인 것과 감각적인 것의 일체라는 입체성이 있다. 위와 아래가 조응하고 안과 밖이 조응한다. 이러한 수직조응과 수평조응이 상징의 동일성으로서의 입체성을 구현한다.

자연이란 신전이며
산나무 두리기둥은
신비로운 소리로
때로 주절주절 말씀한다
사람은 상징의 숲을 비껴가고

아득히 먼 데서 합치는 진 메아리처럼
어둡고 깊은 속에서
하나가 되는 메아리처럼
밤처럼 대낮처럼 가없는 통일에서
향과 색과 소리는
서로 부르며 대답한다

향기도 저마다
어린이 살결처럼 싱싱한 것
'오보에' 소리처럼 보드라운 것
풀에 덮인 넓은 들처럼 푸르른 것
또한 썩고 호사롭고 기승스러운 것에

만상이 피워져서 나타나는
용연향, 사향, 안식향 혹은 제향처럼
정신과 감각의 황홀을 노래한다

-보들레르의 「조응」

상하조응이란 인간과 물질의 결합이다. 이 시에서처럼 영혼과 물질은 '하나가 되는 메아리처럼' '서로 부르며 대답한다.' 영혼과 물질이 만남으로써 물질은 영혼의 상징이 된다. 인간과 자연의 결합은 자연을 매개로 하여 인간과 초월적인 존재와 조응하는 단계로 승화한다. 이런 조응은 '보편적 유추' 또는 '보편적 통일체'라고도 불린다. 그래서 상징주의 시에서 상징은 개인주의 상징과 보편적 상징의 두 가지로 범주화되며, 이러한 상하조응은 더욱 내밀한 시의 깊이를 가져온다.

이 상하조응에 수평조응이 가세하여 상하조응을 돕는다. 수평조응이란 자연(물질)에 대한 공감각적 반응이다. 3연에서처럼 후각, 청각, 촉각, 시각 등 여러 감각이 총동원되어 자연의 신비를 푸는 화자의 욕망을 부채질한다. 즉, 화자의 정신과 감각이 통일된 상태, 자아를 총체화한 상태에서 자연과 조응함으로써 자연이 상징하는 의미를 '황홀' 가운데서 느끼고 인식할 수 있는 것이다. 이처럼 수평조응은 시의 다의성을 가져온다. 수직조응과 수평조응의 깊이와 다양성이 상징의 입체성을 가져오는 것이다. 또한 이러한 입체성이 뚜렷한 작품일수록 울림이 큰 감동을 전달할 수 있을 것이다.

4) 문맥성

상징이 입체성을 지닐 때 그것은 개별적인 것이 아니라 전체적이며 낱말 하나하나의 의미보다 문맥 전체를 통한 보다 깊은 의미로 확대된다. 어떤 특수한 상징법도 그것이 상징 자체에 의거하기보다 그 문맥에 더욱 의존한다 할 수 있다. 그리하여 문맥은 시인의 신념에 의하여 조절되고 생기를 띠게 되는 것이라고 하였다.

> 무엇에 반항하듯
> 불끈 쥔 주먹들이 무섭다
> 그녀의 젖무덤처럼 익어
> 색만 쓰는 그 음탕함도 무섭다.
> 꺾어버릴 수가 없다
> 모르는 척 팽개칠 수도 없다
> 아프다 너무 아프다
> 맞붙어 속삭이는
> 저 오노란 비밀의 이야기가 아프다
> 타오르는 불길 속에
> 마구 벗어던진
> 그녀의 속옷 잎들이 눈짓
> 오 — 눈짓이 무섭다
> 저들은 무언가 외칠 것만 같다
> 불끈 쥔 주먹을 휘두르며

일어설 것만 같다
무섭다 세상 모든 것이 무섭다
익을 대로 익은 내 생각의
빛깔도 무섭다

－정의홍의 「참외」

참외의 이미지를 매개로 하여 화자의 태도를 표현한 착상은 기발하고 흥미롭다. 시인은 매우 효과적으로 급박한 호흡과 격정적 어조를 구사하여 독자에게 어떤 극한 상황의 위기감을 환기하고자 한다. 또 이러한 위기를 나타내는 비유적 이미지들은 단독으로서가 아니라 작품 전체의 문맥 속에서 이런 위기감을 상징하는데 기여한다. 이처럼 상징은 전후 문맥에 의존해서 탄생되기도 하는 것이다. 이러한 의미에서 보면 시에서의 언어는 단순히 시어뿐만 아니라 문장 자체가 기호일 수 있다. 문맥 자체가 다분히 기호적이다. 시어 부분 부분이 갖는 단편적인 기표(significant)와 기의(signifie)의 체계뿐만 아니라 전체의 문장이 하나의 기호가 되는 서사적 기호의 형태를 갖는다는 것이다.

시를 풀이하는 방법 중의 하나로 '유사성'을 근거로 한 '시는 은유다'라는 정의가 '인접성'을 근거로 한 '시는 환유다'라는 명제로 전이되어 풀이되기도 한다. 이러한 흐름은 시가 서사적 기호체계를 갖는 중요한 의미를 지닌다. 시적 은유의 형태가 심화되고 이것이 서사적으로 진행되면서 이제는 단순히 시가 언어적인 기호형태에 머무는 것이 아니라 서사라는 한 편의 틀과 같은 그림체로 기호화 된다는 것이다. 또한 여기에는 '시는 동사다'라는 의미가 내포되어 있기도 하다. 단순히 정체된 의미를 비유하는 것이 아니라 의미를 내포한 움직임을 중시하기 때문이다.

또 그렇게 구체화된 의미가 문맥성으로 밝혀지면서 시는 단순한 말의 의미를 전달하는 것이 아니라 서사로 이루어진 텍스트 전체를 그림처럼 비추는 기능을 한다. 시가 독자들에게 다가가서 다만 읽히고 이해시키는 것이 아니라 한 폭의 그림처럼 감동의 여운이 담겨진 전체적인 이미지로 남겨지게 된다는 것이다.

3 은유와 환유

비유의 방식으로는 은유나 직유 외에도 의인법과 환유법을 들 수 있다. 의인법은 사물을 인격화하는 것이다. 우화는 의인법의 대표적인 양식이며 동화의 경우에도 의인법이 중심을 이루고 있다. 다음에서와 같이 의인법의 양식을 시에서도 쉽게 발견할 수 있다.

> 조국을 언제 떠났노.
> 파초의 꿈은 가련하다.
>
> 남국을 향한 불 타는 향수.
> 너의 넋은 수녀보다도 외롭구나!
>
> –김동명의 「파초」 중에서

이 시에서는 파초를 향수에 젖어 있는 가련한 여성으로 표현하고 있다. 그러나 비유에서 쌍벽을 이루는 방식은 은유와 환유가 갖는 시적인 기능과 산문적인 기능이다.

산문적인 비유를 대표하는 환유를 대유라고도 하는데, 구체적으로는 제유와 환유로 구분된다. 제유는 부분으로 전체를 제시하고 매체와 주지 사이에서 1:다수의 관계를 갖는 것이라면 환유는 사물의 이름이나 그 사물과 관련된 다른 어떤 것을 대신하기 위하여 전이되는 것으로 매체와 주지 사이에 1:1의 관계가 유지된다.

예를 들어 제유는 '한잔 했다'하면 꼭 한 잔의 술만이 아니고, '톨스토이를 읽었다' 하면 '톨스토이의 작품을 읽었다'의 의미로 제시되는 것과 같다. 또한 환유는 미국 대통령 대신 백악관, 노인 대신 백발, 술주정꾼 대신 딸기코 등으로 표현되는 것이다. 따라서 제유의 어법으로는 '거기에 발붙일 곳이 없다'라고 말을 했을 때 '발'이 사람 전체를 나타내는 것이 되고, 환유적 어법으로는 '눈 좀 붙여야 되겠다'라는 말에서 '눈'을 사람으로 대치하는 것이라고 할 수 있다. 이처럼 환유가 인접성(공간적, 시간적 인접성과 인과관계의 논리적 인접성)을 바탕으로 형성된다면 은유는 원관념과 보조관념 사이의 유사성에 의거하여 형성된다.

이러한 은유법(隱喩法, metaphor)은 비유법 중의 하나로 직유법과 대조되며 암유(暗喩)라고도 한다. 원관념은 숨기고 보조관념만 드러내어 표현하려는 대상을 설명하거나 그 특질을 묘사하는 표현법이라 할 수 있다. 원관념과 비유되는 보조관념 'A(원관념)는 B(보조관념)다'의 형태로 나타난다. 은유의 양식으로는 '옮겨 넣기'에 의한 치환은유와 '상호작용'에 의한 병치은유가 있으며, 유사성을 근거로 하는 은유에서 원관념과 보조관념의 사이가 넓으면 넓을수록 의미는 생소하지만 참신한 것이라 할 수 있고, 가까우면 가까울수록 죽은 은유로 전락할 가능성이 짙다. 죽은 은유란 누구나 곧 이해할 수 있을 만큼 일상화되어 신선함이나 생명력을 잃어버린 은유를 말한다.

궁평항으로 가는 길목에서
보건진료소 문을 밀고 나오는 바다를 만났다
헐겁게 묶은 붕대 사이로 얼어터진 살갗
그 안에 갇힌 파도의 울음소리를 듣는다
간밤에 내린 눈발들이 상처로 숨었는지
얼어버린 발은 좀처럼 풀어지지 않는다
보건진료소 앞마당에 누군가 부려놓은
닻들이 폐선처럼 누워 있다
몸이 누렇게 삭아서 더는
무엇도 붙잡아둘 수가 없는 형상으로
바다는 장엄한 심해를 꿈꾸고 있다
뭍으로 밀려온 기억마저 꽁꽁 얼어버린
궁평항으로 가기 위해서는
해안선 밖으로 튕겨 오르는 갈매기들과
젖은 소금기를 털어내는 누렁이가 있는
보건진료소 앞마당을 지나야 한다

–박현솔의 「해안선을 봉합하다」

좀 더 나아가서 야콥슨이 말하는 환유적 어법을 살펴볼 필요가 있다. 그는 환유적 어법을 이야기를 이루는 최소의 자립 단위인 모티브를 'A→B→C→D…'처럼 계기적이나 인과적으로 이동하는 어법이라고 말한다. 위의 시 「해안선을 봉합하다」도 이러한 어법으로 형성된 문장이라고 할 수 있다. 내용을 이루는 모티브들이 끊임없이 연결되어 이동되고 있는 것이다. 그렇게 진행하면서 의미가 전달되는데, 이때 전달되는 의미는 일반적인 서사의 의미와는 사뭇 다르다. '보건진료소 문을 밀고 나오는 바다를 만났다 / 헐겁게 묶은 붕대 사이로 얼어터진 살갗 / 그 안에 갇힌 파도의 울음소리를 듣는다'라는 말들을 일반적인 문장의 의미로만 받아들인다면 그 뜻을 쉽게 이해하기가 어렵다. 하지만 각각의 시어들에 담겨져 있는 의인화적인 요소와 원관념이 숨겨져 있는 보조관념들의 의미진행으로 형성된 은유적인 요소들을 생각한다면 그 의미가 감각적으로 동일화인 의미가 되어 독자에게 전달될 수 있다. 이렇게 시에서는 문장의 환유적 진행과 은유적 표현 구조가 함께 작용함으로써 구현하고자 하는 의미성을 더욱 확장시킨다고 할 수 있다.

4 아이러니

문학적 장치로서의 아이러니는 위장 혹은 은폐(dissimulation)의 뜻을 갖는 희랍어 에이로네이아(eironeia)에서 비롯되었다. 고대 희랍의 희극에서는 에이런(Eiron)과 알라존(Alazon)이라는 인물이 주인공으로 채택되곤 했는데, 에이런은 약자이면서 겸손하고 현명한 반면 알라존은 강자이면서 자만하지만 우둔했다고 한다. 또 이러한 양자의 대결에서 관객의 예상을 뒤엎고 언제나 약자인 에이런이 강자인 알라존을 물리쳐 승리하곤 했다.

이러한 장치가 반영된 기본 구조를 갖는 아이러니의 문장에서 우리는 두 개의 퍼소나로 보이는 두 개의 시점을 발견할 수 있다. 물론 하나는 에이런의 시점이고 다른 하나는 알라존의 시점이다. 이때 알라존은 표면에 나타나 있고 에이런은 뒤에 숨겨져 있다. 꼭 이러한 구조가 아니더라도 이렇게 나타나는 구조적 현상을 아이러니라 한다.

그러므로 아이러니는 겉으로 나타난 말과 실제적인 의미 사이에 괴리가 생긴다는 뜻이다. 다시 말해 표면에 드러난 의미와 속에 감춰진 의미가 다르게 나타나는 것이다. 여성들이 많이 사용하는 어법 중에 '미워 죽겠어'라는 말을 예로 들 수 있다. 겉으로 드러난 것은 미워 죽을 정도의 상황인데, 사실 이 말은 엉뚱하게도 또는 당연한 것인지도 모르겠지만 '좋아 죽겠다'는 의미로 전달된다. 일종의 반어적 표현이라 할 수 있다.

아이러니는 크게 '언어적 아이러니'와 '상황적 아이러니'로 구분한다. 언어적 아이러니란 어떤 의미가 진술되고 그것과 상이한 의미가 의도되는 문장의 한 형식이며 상황적 아이러니는 기대와 충족 사이에 대조되는 효과를 말한다.

아이러니는 우회와 병치에 관한 일종의 기술이며 이를 성공적으로 수행하기 위해서 완곡한 진술, 역설(paradox), 재담(puns), 위트(wit) 등의 형식에 의존하게 된다. 즉 언어적 아이러니는 전통적인 수사법인 축소법, 과장법, 역설, 언어희롱(pun), 기지(wit), 욕설, 야유, 풍자(satire), 풍자적 개작(parody) 등의 형태들로 수렴될 수 있다.

상황적 아이러니의 대표적인 것은 극적 아이러니라 할 수 있는데, 연극 혹은 희곡이나 설화 속에서 독자는 작가의 의도를 알지만 주인공들은 모르고 있는 상황의 아이러니를 말한다. 이것은 대개 비극적 아이러니와 연결되곤 했는데, 오이디푸스의 신화를 비롯하여 '햄릿' 등의 작품에서 표현된 구조가 그 대표적인 것이라 할 수 있다.

또한 언어적 아이러니 중의 하나인 패러독스는 그 자체의 양식으로 많이 사용되고 있다. 겉으로 보기에는 명백한 모순이 되고 부조리한 듯도 하지만 표면적인 진술을 떠나 본 의미를 생각해 보면 합리적이고 타당한 근거가 발견되는 아이러니 양식이다.

표면적 역설(무언가 모순되는 것처럼 보임으로써 지금까지 당연시되었던 사실에 당혹을 일으켜 경이감을 주게 하는 언어표현)의 예로는 '찬란한 슬픔'이나 '소리 없는 아우성' 등을 들 수 있고, 존재론적 역설(인간 존재에 관한 초월적 진리를 내포하고 있는 것, 철학 종교 등의 존재론)로는 '도를 도라 하면 도가 아니다' '나를 믿으면 죽어도 죽지 않을 것이다' 등의 잠언적 교훈에 내재된 역설을 예로 들 수 있다.

소크라테스가 무지(無知)를 가장하고 논적(論敵)에 접근하여 지자(知者)로 자부하고 있는 상대방에게 질문하는 형식으로 상대방 입장의 내적 모순을 폭로하고, 그 무지를 자각하게 하는 문답법으로 사용했던 것을 '소크라테스적 아이러니'라고 하는데, 이것은 언어적 아이러니와 상황적 아이러니의 중간 단계로 무지와 단순성의 포즈를 취한 경우라 할 수 있다.

문장의 표현구조 몇 가지를 정리해 보았다. 그 대부분의 내용들은 지금까지 일반적으로 많이 다뤄왔던 부분들에서 개념적인 요소들만 발췌하여 소견을 덧붙이는 데 그친 것이다. 시론이나 시학은 시인들을 위한 지침서만은 아니다. 문장에 관심을 갖는 사람이면 누구나 필독해야 할 것으로 믿는다. 좋은 글쓰기를 지향한다면 참고문헌을 살펴서 전반적으로 찬찬히 다시 살펴볼 것을 권한다.

제8장 입시논술의 경향

1 출제 경향과 전략

대학 입시의 논술문제는 각 대학마다 경향이 다소 다른 측면이 있으나 학생들을 논술로 평가하고자 하는 목표에 따른 기본적인 방향은 유사하다. 다만 출제지문 수와 문항 수를 몇 개로 하느냐, 문제유형을 어떻게 하느냐의 차이만 있을 뿐이다. 그렇기 때문에 학생들은 대학마다 제시한 문제의 유형을 파악하여 그에 따른 준비를 해야 한다. 그렇게 한다면 그 동안 조금씩 연습해오던 자신의 실력을 유감없이 발휘하여 좋은 성과를 얻을 수 있을 것이다.

출제지문 수는 소설이나 자서전, 고교 교과서, 인문사회학적 내용을 바탕으로 하여 3개에서 5개 정도가 제시되는 경우가 대부분이다. 문항 수도 3문항에서 5문항으로 출제되는 경우가 많다.

문제유형으로는 '자신의 경험을 활용하여 제시문 분석하기'나 '제시문 간의 논리적 연관성, 제시문 간 비교 및 비판, 논제에 대한 자신의 견해 논술' '제시문 분석, 비판, 구체적 상황에 적용' '제시문을 요약하고, 제시문을 비교 비판한 후 자신의 생각을 논술'해야 하는 것 등이라 할 수 있다.

문제의 유형들을 구체적으로 살펴보면 다음과 같다.

문제의 유형 1 _ 제시문을 요약하시오.

문제의 유형 2 _ 제시문들은 '어떤 문제' 발생 원인에 대한 견해를 담고 있다. 이 제시문들을 두 입장으로 분류하고 그 입장들을 요약하시오.

문제의 유형 3 _ '보기'에 대한 해석을 활용하여 어느 한 쪽의 입장을 비판하시오.

문제의 유형 4 _ 그림이 보여주는 현상의 특징을 서술하고 발생 원인을 제시문 중 하나에 근거하여 설명하시오.

문제의 유형 5 _ 논지를 통합하여 요약정리하고 이를 활용하여 '보기' 작품의 특성에 대하여 설명하시오.

문제의 유형 6 _ 제시문 각각을 요약하고 두 가지 유형으로 분류하여 그 타당성을 논하시오.

문제의 유형 7 _ 제시문을 비교하고 두 입장을 활용하여 다음 '보기'에 대한 이해방식을 비판적으로 분석하시오.

문제의 유형 8 _ 제시문의 관점을 비교하고 둘 중 하나의 관점에 입각하여 다음 제시문에 대한 견해를 논하시오.

문제의 유형 9 _ '가'와 '나'의 내용을 요약하고 각각의 논지를 비교 논술하시오.

문제의 유형 10 _ '다'의 내용에 근거하여 제시문 '라'에 나타난 사회적 현상을 설명하시오.

문제의 유형 11 _ '마'의 관점에 입각하여 '가'와 '나'의 한계를 비판하시오.

문제의 유형 12 _ 제시된 개념을 모두 사용하여 '주제'에 대한 자신의 생각을 서술하시오.

문제의 유형 13 _ '가'의 의견을 활용하여 '나'와 '다'을 설명하고, 그 의견 각각의 장단점에 주목하여 '주제'에 대한 자신의 생각을 논술하시오.

문제의 유형 14 _ 논지를 바탕으로 소개된 제시문들의 특성을 비교 설명하고, 제시문들의 실현 가능성과 그 한계를 제시문 3의 관점에서 논술하시오.

문제의 유형 15 _ 어떤 사람이 제시문 '가'를 읽고 이 문제의 타당성을 제시문 '나' '다' '라' 각각의 논거를 바탕으로 논하시오.

이러한 문제유형을 살펴보면 각각의 문제에 따라 다음과 같은 최종 지시가 있다.

1. '요약하라'	2. '분석하라'
3. '정리하라'	4. '설명하라'
5. '비판하라'	6. '논하라'

이러한 지시에 따라 객관적 입장과 주관적 입장의 점유 비율을 생각했을 때, 1~6번 항으로 갈수록 점점 더 주관적 입장의 비율이 많이 작용하도록 정리되어야 한다. 3번, 4번 항의 '정리하라'와 '설명하라'를 중간으로 본다면 위로 갈수록 객관적인 입장이 강하게, 아래로 갈수록 주관적인 입장이 강하게 기술(記述)되어야 한다는 것이다. 그것의 비율을 다음과 같이 나름대로 생각해 볼 수 있다.

1. 요약하라	객관적인 요소(100%) : 주관적인 요소(0%)
2. 분석하라	객관적인 요소(70%) : 주관적인 요소(30%)
3. 정리하라	객관적인 요소(50%) : 주관적인 요소(50%)
4. 설명하라	객관적인 요소(50%) : 주관적인 요소(50%)
5. 비판하라	객관적인 요소(30%) : 주관적인 요소(70%)
6. 논하라	객관적인 요소(10%) : 주관적인 요소(90%)

이와 같이 문제 지시에 따라 객관적 입장과 주관적 입장의 비중을 고려하여 내용을 취합하고 답변을 작성하면 될 것이다. 또한 내용을 취합하는 과정에서도 문제의 지시 순서에 따르면 된다. 가

령 '제시문 각각을 요약하고 두 가지 유형으로 분류하여 그 타당성을 논하시오'라는 문제가 있다면 지시하는 바대로 '제시문 각각을 요약'하고, 이를 '두 가지 유형으로 분류'한 후에 '타당성'을 밝히는 방식으로 논술하면 된다는 것이다.

이때 논술의 글자 수 제한이 있기 때문에 각각의 측면에 몇 글자씩으로 정리할 것인가를 미리 계획해 두어야 한다. 제시문 수에 따라 비율은 다소 달라지겠지만 이러한 경우는 4 : 2 : 4의 비율로 정리하면 바람직할 것이라는 판단이 선다. 다시 말해 40% 정도를 요약한 내용으로 채우고 20% 정도를 유형을 분류하여 정리 기준으로 삼고 40% 정도의 분량으로 타당성을 논하면 적당하다는 것이다.

다시 한 번 전체적인 것을 정리해 본다. 일부 대학의 제시문 요약이 있기는 하지만 맨 처음 각 제시문을 분석하고 각 제시문 간의 논리적 연관성에 따라 분석 비교 및 비판하며 자신의 생각이나 구체적 상황에 따라 논술하는 과정을 수행하면 된다.

이러한 과정을 풀어가는 논술문제는 기본적으로 제시문 이해력, 분석력, 논리적 사고력, 창의적 사고력을 요구하고 있다. 여기에 문제를 결집하는 능력과 주제를 전환시키는 능력을 보고자 한다. 또한 논술시험에서 평가할 수 있는 여타의 제반적 요소를 문제화하기도 하며 수리 논술과 그래프 해석 등이 출제되기도 한다.

우선 제시문 간의 공통점과 차이점을 분석해내야 한다. 그리고 논리적으로 비판해야 한다. 또 이렇게 하기 위해서는 제시문과 유사한 수준의 글들을 지속적으로 읽으며 요약하고 분석, 토론해보는 연습이 필요하다. 서로 다른 입장끼리 상호 비판하며 대립되는 견해를 논리적으로 비판해보는 연습을 지속적으로 수행해야 한다.

제시문을 분석하고 정리할 때는 가장 먼저 체계적인 요약이 필요하다. 요약은 논술의 기본이다. 이 기본이 갖춰지지 않으면 좋은 결과를 기대하기 어렵다. 글을 요약하는 방법을 간략하게 살펴보기로 한다.

장문의 글을 요약할 때는
먼저 독해 측면에서 전체 핵심주제를 찾는다.
다음으로 단락별 핵심 주제를 찾는다.
단락별 핵심을 포착했다면 각 단락들의 연관성을 파악한다.
그리고 가장 핵심적인 문장을 중심으로 부연내용들을 파악한다.
이렇게 파악된 내용들에서
핵심어를 중심으로 자신만의 표현으로 써나가야 한다.
인용을 하거나, 단순 줄거리, 자신의 견해를 쓰는 것은 삼가야 한다.

일반적으로 논술 평가는 '내용' '논리' '표현'의 세 영역으로 이루어진다.

'내용적인 부분'에서는 다음 사항의 네 가지 측면을 살펴야 한다.

첫째로 '문제를 잘 파악'해야 한다. 문제가 요구하는 바의 정확한 포착과 논의를 해야 하며, 문제의 핵심과 본질에 초점을 맞춘 논의를 해야 한다.

둘째로 '사실의 이해'에 관한 부분이다. 논의의 대상에 대한 포괄적이고 구체적인 이해가 필요하며, 사실에 대한 정확하고 구체적인 이해가 필요하다.

셋째로는 '해결의 능력'이다. 문제의 성격에 맞는 적절한 해결 방법과 문제의 해결에 필요한 적절한 절차를 모색해야 한다.

끝으로는 '논지의 적절성'이 검토되어야 한다. 논술에 필요한 적절한 창의성과 보편성, 결론 도출 과정의 타당성과 결론의 적절한 가치가 검토되어야 한다.

'논리적인 부분'은 다음과 같다.

첫째로 '논의의 일관성'이 있어야 한다. 논증할 주제의 일관성과 논증에 쓰인 개념과 판단 등이 일관된 의미를 유지하여야 한다.

둘째로 '논거제시의 정확성'이 요구된다. 논제를 증명하기 위해 제시된 논거의 적절성과 논거의 확실성과 참신성이 요구된다.

셋째로는 '논증 방식의 타당성'이다. 논증을 위한 추론 과정의 적절성과 논리적 오류나 비약의 유무를 잘 살펴야 한다.

'표현적인 부분'에서는 다음의 사항을 유의해야 한다.

첫째로 '어휘의 정확성과 풍부한 어휘사용'적인 측면이다. 사용한 의미의 정확성과 구어체 사용 여부 등을 확인해야 하며, 어휘가 지닌 문맥적 의미의 적절성이 검토되어야 한다.

둘째로 '문자의 정확성과 효율'적인 측면이다. 어법과 표기법에 맞는 문장으로 표현하고, 의미가 분명하고 문맥에 적절한 문장이 사용되어야 한다.

셋째로는 '글의 단위성과 유기성'의 문제이다. 개개문단의 응집성과 단위성이 확보되어야 하며, 글 전체의 단계성과 유기성이 확보되어야 한다.

지금까지 언급한 것은 논술을 준비하는 데 필요한 기본적인 사항만 열거한 것일 뿐이다. 목표로 삼고 있는 각 대학의 기출문제 또는 예시문제를 반드시 확보해서 문제유형을 검토하고 각 대학의 논술시험 취지에 맞는 연습을 꾸준히 해야 한다. 논술문제도 날로 진화하고 있는 것 같다. 그렇다고 복잡해 보이는 문제만 보고 당황할 필요는 없다. 하나하나 분석해서 나름대로 차근차근 정리를 하다보면 문제가 그렇게 어렵지만은 않다는 것을 알게 된다. 서두르지 말고 찬찬히 준비하다 보면 처음에는 며칠 걸려서 풀었던 문제가 대학에서 요구하는 시간에도 여유 있게 풀 수 있는 시간이 올 것이다.

2 입시논술 문장 연습

1. 서두쓰기를 여러 측면에서 다시 검토해보고 다음 문장을 구성해 보자.

***문장연습 1** – '부르카 착용금지 법안 발의' 서두쓰기

최근 프랑스에서 여성의 부르카 착용을 금지하는 법안이 발의되었다. 이슬람교에서 당연시되어 오던 여성의 부르카 착용이 여성인권을 침해하는 것으로 간주한 데서 나온 법안인 듯하다. 다분히 일방적인 이 법안은 또 다른 인권침해를 낳을 것으로 보이기도 한다. 부르카에 관한 의미를 그들 당사자의 입장인 이슬람 측면에서 찾지 않고 자신들의 입장에서 억지로 씌워진 허울로 인식했기 때문이다. 근본적으로 타종교에 대한 이해가 부족한 데에서 기인한 문제가 아닌가 한다.

***문장연습 2** – '6자회담에 대해' 서두쓰기

북한의 핵무기 개발에 대해 강력한 제재를 가하며 미국이 주도한 6자회담은 남북한 주변국인 러시아와 중국, 일본이 참여하면서 이루어진 핵확산 금지 회담이다. 그러나 이러한 6자회담은 제재 당사자인 북한의 강력한 반발로 순조롭게 진행되지 못하고 있다. 거기에 최근 발생한 천안함 사건이 북한의 소행이라는 결론이 나고, 이에 대해 북한이 강력한 대응을 하고 있는 상황에서 회담자체가 다시 개최될 지의 여부조차 불투명해진 시점이다. 하지만 어떤 상황에서든 6자회담은 개최될 것이고 회담결과에 따른 남북한의 대립상황은 또 다른 대립국면을 맞이하게 될 것이다. 때문에 혼란국면을 맞고 있는 시점이지만 6자회담의 의미를 통해 남북한의 문제, 그리고 회담에 참여한 다른 나라들의 이해관계에 대해서 정리해 볼 필요가 있다.

2. 문장 상호간의 의미를 고려하여 다음 문장을 구성해 보자.

***문장연습 3** – 서두쓰기, 적절한 문장구성

환경을 인위적으로 '조작'한다는 데에는 그만한 위험부담이 뒤따른다. 미시적으로 볼 때, 개발은 이를 기반으로 살아가던 개인의 삶의 터전을 손상시킨다. 거시적으로 볼 때는 이와 같은 사업이 후에 어떤 환경적 반향을 불러일으킬지 가늠하기 힘들다. 즉 결과적으로 개인에게 더 나은 보금자리, 일자리를 제공하고 사회가 감당할 수 있을 정도의 환경변화만이 일어나는, '성공적 개발'에의 비가시적인 의무가 생겨나는 것이다. 이를 실패했을 때의 결과는 암담할 뿐이다. 정부는 이 모든 부담을 안고 정책시행에 임하고 있다.

환경을 인위적으로 '조작'한다는 데에는 그만한 위험부담이 뒤따른다. 미시적으로 볼 때, 개발은 이를 기반으로 살아가던 개인적 삶의 터전을 손상시킨다는 문제가 있다. 하지만 거시적으로 볼 때는 이와 같은 개발이 개인에게 더 나은 보금자리, 더 많은 일자리를 제공하고 사회가 감당할 수 있을 정도의 환경변화만으로 '성공적 개발'에의 비가시적인 효과가 있는 것이다. 또한 이를 실패했을 때의 결과는 암담할 수도 있다. 때문에 정부는 이 모든 부담을 안고 정책시행에 임하고 있다.

3. 다음의 글을 읽고 학생이 어떤 주제로 어떤 단계를 구성하여 답안을 작성했는지 살펴보자.

3-1

주변에서 흔히 볼 수 있는 소설책이나 드라마, 혹은 만화책에서도 각각의 주인공들은 일생일대의 극적인 사건을 겪는다. 그들은 각자 나름의 방식으로 이러한 난관을 헤쳐 나가며 결국은 성숙하게 된다. 독자들은 이런 상황을 지켜보며 제3자의 입장으로 성숙을 경험하게 되면서 이와 같은 것들은 문학작품 속에나 있는 것으로 간주하게 되지만, 이들 자신의 인생에서도 성숙은 찾아볼 수 있다. 나 자신만 하더라도 음악을 통해 성숙을 경험하게 되었고, 상황의 당사자로 관계하면서 성숙의 단계적인 측면을 보다 잘 체감하게 되었다. 이는 제시문 (1), (2), (3)과 결부되어 각각의 화자가 마주하게 되었던 성숙과 한계가 한층 뚜렷이 보이게 했는데, 이의 시작은 이렇다.

언젠가 아버지께서 변호사가 되어보는 것이 어떻겠냐고 말씀하신 후부터 나의 꿈은 줄곧 변호사였다. 그러나 시간이 지날수록 커져가는 주변의 과분한 기대에 힘겨워하던 때에, 음악은 그 모든 것에서 해방될 수 있는 출구가 돼주었고 결국 인생에서 빼놓을 수 없는 중요한 요소, 진정한 꿈으로 자리 잡게 되었다.

이전의 수동적이고 소극적인 꿈과는 달리, 음악이라는 꿈은 참 많은 것들을 제시해 주었다. 그 중 하나가 내면의 안일함과 두려움을 극복하고 적극적으로 상황을 헤쳐 나가는 태도를 갖게 하는 것이었다. 내게 있어서 매우 소중한 가치였기 때문에 스스로가 나약함을 이겨내고 지켜내고자 했던 것인데, 결과적으로는 문제를 진지하게 인식하고 해결해내고자 하는, 개인 내면의 1차적 성숙을 가져오지 않았나 생각한다. 실제로 이렇게 새로이 갖게 된 꿈을 굉장히 보수적이신 부모님께 말씀드리기까지 몇 번이나 약해지는 마음을 다잡고, 이런 식으로 소심하게 있으면 아무런 진전이 없음을 자신에게 타이르며 극복했던 일이 이를 잘 보여 주는 듯하다.

이러한 성숙은 제시문 (1)의 화자에게서도 찾아 볼 수 있다. '나'는 집을 나온 것으로 추정되는데, 이는 '나'가 집안 내부의 문제점을 인식하고 안일하게 머물던 과거와는 달리 이를 타파해보고자 한 행동으로 보여진다. 상황의 해결을 위해 내면의 약한 면을 극복하고 행동의 취한 것으로, 개인적 차원의 정신적 성숙을 겪은 것이다. 그러나 '나'는 자신에게 이상적으로 대해주던 할머니에 비해, 현실적이고 단호하게 상황판단을 내리던 딸과 마찰이 생기자 바로 그 상황을 피해버리려 한다. '그 공간에서의 도피'가 개인 내부에서는 문제를 깨닫고 결단을 내린 것이라 할지라도, 결코 개인과 개인 간의 문제를 해결해 줄 수는 없다. 즉, 화자에게는 사고의 범위가 개인 안에서만 머무르는 한계가 있는 것이다.

이렇게 2차적 성숙으로 진입하지 못한 것은 굳은 결심 끝에 이루어졌던 부모님과의 대화에서 갈등이 오히려 고조되었던 나의 사례에서도 찾아볼 수 있다. 그분들이 걱정에 가득 차서 나를 설득하려고 했던 말들을 귀담아 듣지 않고 혼자만의 상황에 젖어 오로지 이해 받기만을 바랐었는데, 이는 서로의 감정만 격하게 만들고 말았다. 후에 학교 선생님들을 비롯해서, 전문 상담가와 대화해보며 그분들께서 내게 바라고 계시는 것이 무엇인지, 염려하고 계시는 것이 무엇인지 깨닫고 나서야 비로소 이해를 원하기만 하는 태도를 고칠 수 있었다. 이로써 차츰차츰 개인과 개인의 관계로까지 사고의 지평을 확장할 수 있었고 이것이 또 한 번의 성숙이 되었다고 생각한다. 다만, 부모님과 나와의 오해가 풀리면 모든 일이 잘 될 것이라고 비약했던 것이 그때의 한계점으로 보인다.

제시문 (2)의 '나'도 이와 비슷한 경향을 보인다. '나'는 그에게 언어를 가르치려고 하는 선생님과 격렬한 대립을 통해 결국은 언어의 개념을 깨닫는다. 이 일로 화자는 삶에의 지평을 확장하게 되는데, 이는 단순히 개인적인 고찰로 얻어진 것이 아니라 선생님과의 갈등을 풀어나가는 과정에서 얻어진 것이므로 2차적 성숙에 해당된다. 그러나 언어의 경이로움에 도취되어 화자 또한 미래의 문제들을 지나치게 낙관해 버리는 모습을 볼 수 있다. 장애를 가지고 있기 때문에 불가능하리라 여겨지던 것을 극복했다는 기쁨이 그것이 사회를 살아가면서 가져올 고난을 간과해 버리게 만든 것이다. 이로 미루어 보았을 때, 2차적 성숙으로 대인간적인 단계까지 생각의 폭을 넓혔지만 사회 속에서의 자신을 고려해보는 3차적 성숙으로는 나아가지 못했음을 알 수 있다.

이와 달리, 작년에 있었던 지나친 성상납에 지친 신인 여배우의 자살 사건은 내게 저 단계로 진입할 수 있는 계기를 제공해 주었다. 비록 음악에 있어서만큼은 자신을 누구보다 엄격히 대하여 고유의 색을 찾아가는 발전을 거듭하고, 부모님의 심정을 이해하게 되면서 첨예한 반목은 막을 수 있을 것이라 생각했지만, 음악을 하기 위해 진출해야 할 사회에 대한 우려는 또 한 번의 시련을 안겨 주었다. 이는 단순히 개인의 노력을 인정하고, 서로의 의견 차이를 좁혀가는 것과는 별개의 문제로 다가왔다. 한 번도 진지하게 논해 본 적 없었던 문제로, 주변 사람들은 꿈에 대한 열정만으로 그 사회에 뛰어드는 것이 얼마나 무모한 것인가를 잘 보여주는 사례라고 평했다. 이는 진지하게 사회 전체에 대한 고민을 하게 했고, 사회에 대항하여 개인이 가질 수 있는 힘을 되새겨 보게 했다. 이런 과정을 통해 사회적 차원으로까지 사고를 끌어오는 3차적인 성숙을 겪게 되었고 그것의 복잡성을 체감하게 되어 음악의 의미를 재정립하게 되었다.

제시문 (3)은 이와 같이 개인과 사회와의 관계를 바탕으로 문제가 진행되지만 위처럼 사회 속에서 개인의 위상을 깨달은 것으로 보기는 어렵다. '나'는 비록 노예 신분이지만 항상 함께였던 짐의 소중함을 느낀다. 원래대로라면 보냈어야할 도망상태에 놓여있는 그를 고발하는 편지까지 보류하고 그를 위해 당시 사회의 규율을 거스르는 선택까지 고사한다. '나'는 이런 자신의 행동이 나쁜 짓이라 평하는데, 이는 사회적 범주에서 생각할 줄 아는 것으로, 3차적이고 대사회적인 성국을 겪은 결과라 할 수 있다. 그러나 '나'는 사회적 차원의 문제를 자신이 그를 구하겠다는 결심을 하는 개인적 차원에서 풀어내면서 과도하게 단순화 시키고 있다. 노예제도라는 그 사회를 지배하고 있던 강력한 구조를 제대로 인식하지 못하는 한계가 있는 것이다.

나의 내부에서 일어났던 '개혁'과 같은 제시문 (1)의 성숙, 나와 부모님 사이에 일어났던 '혁명'과 같은 제시문 (2)의 성숙 그리고 사회와 대면해보았던 내게 일어났던 '숙명'과 같은 제시문 (3)의 성숙은 각각 한계를 맞이하고 극복하고, 또 다른 국면의 관문을 만나면서 마치 내게 지나온 길과 서있는 길 그리고 지나야할 길을 보여주는 듯하다. 어쩌면 이와 같은 성숙은 임의로 보기 좋게 3단계로 나누어 논한 것일 뿐, 그 끝이 없는지도 모른다. 이의 뜻이 결코 '완성'은 아니기 때문이다. 이런 의미에서 내게 주어진 결과물이기도 하고 과정물이기도 한 음악은, 마지막 제시문으로 제시된 성숙의 '뒷이야기'를 만들어 나갈 수 있게 해주는 충분한 동기부여를 해준다. 이 장애물 뒤에 따를 보다 나은 자신을 기대하며 말이다.

– '학생의 글'

3-2

병아리가 알을 깨고 나오기 전까지 그 세계는 알의 내부 즉 껍데기 안까지다. 하지만 알을 깨고 나온 후 더 큰 세계를 만나고 이로 인해 자신의 세계를 새롭게 경험하는 성숙이 이루어진다. 성장과 달리 성숙은 노력과 그 과정에 따라 정도나 시기 면에서 개인별로 차이가 난다. 성숙된 정도에 따라 세계를 보는 관점이 넓어지기 때문에 사람들은 이전보다 성숙된 상태를 지향하고 또 그렇게 되기 위해 평생 동안 노력한다. 하지만 평생 동안 이루어지는 성숙에도 단계가 있다. 자신이 알고 있는 세계 안에서 이루어지는 성숙, 자신의 세계를 뛰어 넘어 바깥세계를 경험하는 성숙, 경험을 바탕으로 새롭게 이루어지는 성숙, 이렇게 세 단계의 성숙이 있으며 각각의 성격은 다르다.

제시문 1에서는 자신의 세계 안에서 이루어지는 성숙의 과정을 찾아볼 수 있다. 제시문 1의 '나'는 야망과 포부를 가지고 섬을 떠났다. '나'의 내부에서 어느 정도 성숙이 이루어졌기에 가능한 일이다. 하지만 이 성숙은 몇 가지 한계를 보인다. 아직 자신의 세계에서 벗어나지 못하고 그 안에서 현실을 바라보고 있기 때문에 낙관적인 경향이 크다. '내친 김에 서울로 가 버리자'는 생각에서 알 수 있듯이 구체적이지 못하고 즉흥적이며 막연하게 생각하고 있다. 또 '나'의 성숙에 대한 할머니와 그의 딸의 반응이 나오는데 자신에게 긍정적, 온정적인 할머니와 달리 현실적, 비관적인 딸의 훈계를 반감을 가지고 무시하고 있다. 자신보다 더 넓은 세계를 경험한 점을 생각하지 못하고 '인생이 뭔지 나름대로 겪을 것 다 겪었다.'는 추상적인 반박만 할 뿐이다.

중학교 시절 이집트와 그리스 여행을 한 적이 있다. 여행을 가기 전 어렸을 적부터 혼자 관련서적을 통해 간접경험을 하며 첫 번째 성숙을 했다. 하지만 그저 머릿속 안의 지식일 뿐 나의 현실과는 관련이 없었다. 지식은 있지만 아직 현실로 느끼지 못하는 모습은 제시문 1의 '나'와 비슷하다.

또 제시문 2에서는 자신의 세계를 뛰어 넘어 바깥세계를 경험하는 성숙이 보인다. 제시문 2에서 헬렌 켈러는 설리번 선생님에게 자신이 보이지 않고 들리지 않는 바깥 세계의 단어를 배우면서 사물에 이름이 있다는 사실은 알지만 그 사물 자체는 제대로 이해하지 못하고 갈등을 겪는다. 하지만 갈등 끝에 사물 인식의 깨달음을 얻고 언어의 신비에 대해 알게 된다. 그리고 그 이후의 장애물에 대해서도 극복할 수 있다는 자신감을 얻는다. 자신이 알고 있던 세계를 깨뜨리고 새로운 세계를 받아들였다는 점에서 제시문 1보다 발전한 모습이라 할 수 있다. 하지만 현실을 너무 긍정적으로만 인식하는 모습에서 더 큰 어려움이 닥쳤을 때의 대처방법은 생각하지 못하는 한계를 보인다.

이집트와 그리스를 여행하면서 나는 두 번째 성숙을 할 수 있었다. 여행 중에 우리와 다른 생각을 가지고 다른 모습으로 살아가는 사람들을 실제로 보며 지금까지 우물 안 개구리 같은 내 모습을 뼈저리게 실감할 수 있었다. 나의 세계가 대한민국에서 전 세계로 확장되는 순간이었다. 하지만 두 나라의 문화적, 관광 위주의 모습만 보고 진정한 이집트와 그리스의 현실을 느끼지 못한 게 아쉬운 점이다.

마지막으로 제시문 3은 경험을 바탕으로 새롭게 이루어지는 성숙이 나타난다. 제시문 3의 허클베리 핀은 자신의 친구인 노예 짐의 도망과 그것이 사회적 규범에 어긋나 있다는 것을 알고 그 사이에서 갈등을 한다. 하지만 핀은 사회적 규범에 순응하지 않고 인도주의, 온정주의적 생각으로 짐을 구하기로 하고 뿌듯해 한다. 불합리적인 사회제도에 맞서서 기존의 사회적 구속에서 벗어나고 자신의 가치를 중시하는 모습에서 제시문 3의 성숙은 한 단계 발전한 모습을 보인다. 하지만 왜 노예제도가 불합리한지, 자신의 가치가 왜 사회적 가치보다 중요한지는 깨닫지 못한다. 뚜렷한 확신과 근거가 부족하므로 다른 사회구성원들에게는 그저 범죄로 밖에 인식될 수 없다. 또 친구인 짐 이외의 수많은 노예들과 노예제도 자체에는 문제의식이 결여되어 있으므로 진정한 성숙이라고 말할 수 없다.

여행이 끝난 후 집으로 돌아와서 나는 이제 대한민국뿐만 아니라 전 세계를 무대로 하여 어떻게 살아가야 하는 지와 같은 더 자세한 문제에 대해 고민하기 시작했다. 새로 알게 된 세계를 바탕으로 성숙하는 경험이었다.

중학교 시절 다녀온 이집트와 그리스 여행을 통해 세 가지 성숙을 모두 하며 발전하는 계기가 될 수 있었다. 이 여행에서 가장 중요한 핵심은 이집트와 그리스에 가서 이루어진 두 번째 성숙이었다. 이처럼 알 내부에서 병아리가 되기 위해 충분한 성숙이 필요하고 병아리에서 닭으로 성장하는 과정도 중요하지만 알을 깨고 나오는 과정이 제일 중요하다고 볼 수 있다. 그 전의 성숙은 두 번째 성숙을 위한 과정이고 그 이후의 성숙 역시 두 번째 성숙이 있어야 가능한 결과이기 때문이다. 하지만 한 사람이 세계 확장에 있어 깨어야 할 알껍데기는 하나가 아니라는 사실을 인식하고 하나의 세계 확장에 만족하지 말고 계속 다른 세계로 넓혀 가려는 시도가 필요하다.

– '학생의 글'

4. 다음의 글을 읽고 학생이 어떤 주제로 어떤 단계를 구성하여 답안을 작성했는지 살펴보자.

1)

변증법은 반정립의 모순에서 둘의 장점은 보존하고 단점은 제거하면서 종합에 이르는 정립, 반정립, 종합의 단계를 거친다. 그리고 종합에도 모순이 존재하면 다시 정립으로 돌아가서 모순을 해결하고자 한다. 그러므로 변증법 논자들은 모순을 사고의 중요하고 생산적인 원동력으로 본다. 변증법 논자들은 이러한 모순의 유익함을 강조하면서 불가피하고 회피할 필요도 없다고 기존의 모순율을 공격한다. 모순이 진보를 낳는 것은 사실이지만 모순은 용인되지 않고 그것을 피하는 새 관점을 찾을 때 창조성과 다산성을 가진다. 모순을 그냥 인정한다면 합리적인 비판과 토론을 통한 진보가 불가능하다. 또한 사실은 서로 모순되지 않으므로 자연 현상에서 모순은 생길 수 없다. 모순을 인정하지 않는 의지를 보일 때 과학적 활동과 지적인 진보가 가능하다.

2)

제시문 (4)에 나타난 헤겔의 변증법적 모순은 사물의 본질 속에 모순이 있다는 점에서 기존의 개념과 구별된다. 제시문 (4)에서 변증법적 모순은 실재하는 대립이며 객관적이다. 또한 새로운 것과 낡은 것, 안정성과 변화 사이에 나타난 모순은 사회가 역동적으로 진보되고 새롭게 재생산되는 원인이다. 문학에서는 갈등의 형태로 나타난다. 갈등은 이해와 경향의 모순으로 사회의 모순을 반영한다. 갈등을 통해 모순은 자연적이고 본질적인 일치가 이뤄진다. 이처럼 변증법적 모순은 참된 모순에 대한 이해를 발전시킨다.

두 제시문 모두 모순이 필연적이라는 점은 동의한다. 하지만 제시문 (4)의 모순에 대한 긍정적 평가와 달리 제시문 (1)은 변증법적 모순을 부정적으로 보고 있다. 제시문 (1)이 변증법적 모순을 관념과 이론에서 존재하는 모순과 동일시하는 반면 제시문 (4)는 모순을 사태나 상황에서 보고 있다. 결과 면에서 제시문 (1)은 모순을 인정한다면 진보와 과학적 활동이 불가능하다고 주장한다. 하지만 제시문 (4)는 사회 발전의 원동력이 되고 문학의 갈등을 설명하는 모순의 긍정적인 결과에 주목한다. 마지막으로 제시문 (1)은 모순이 실재하는 자연의 세계에서는 존재할 수 없다고 보는 데 비해 제시문 (4)는 사물을 보는 우리의 인식이 아닌 사물의 본질에 모순이 존재한다고 주장한다. 이로써 현실세계에 모순된 명제가 존재할 수 있다고 본다.

3)

동서양 별로 모순을 해결하는 방식이 다르다. 동양은 모순되는 두 주장에서 각각의 진리를 모두 인정한다면 서양은 모순 자체를 인정하지 않는다.

제시문 2의 주인공은 포로의 신분으로, 북한과 남한 중 하나를 선택해야 하는 상황이었다. 북한은 정당한 이상은 있지만 그 실현은 미루어지고 믿음을 강요받는다. 남한은 자유는 있지만 도덕성이 부족한 사회적 지도자들은 자신의 이익만 추구한다. 결국 이명준은 두 사회가 아닌 중립국을 선택하고 최후에는 자살에 이르게 된다.

주인공의 이러한 선택은 동양적 사고에서 봤을 때 잘못된 판단이다. 우선 남한과 북한에 대한 비판은 일관성을 강조하는 서양적 사고에 기초한 것이다. 하지만 동양적 사고에서 형식 논리상 모순된다는 이유로 사물 자체를 부정할 수 없다. 그러므로 남한과 북한에 대한 비판은 한 단면만 보고 사회 자체를 판단하는 것이다.

또한 동양적 사고에서 모든 사물 안에는 모순이 늘 존재한다. 이를 역동적으로 발전시킨다면 새로운 재생산을 할 수 있다. 따라서 남한과 북한 사회에 모순이 존재한다고 해도 주인공이 그 사회의 모순점을 타협하며 사회를 역동적인 자세로 변화시킬 수 있다. 하지만 주인공은 사회의 모순을 해결하려는 노력은 하지 않는다. 그저 비판만 하며 두 사회 모두 피하려고만 하는 수동적인 자세라는 점에서 한계를 보인다.

4)

개인은 최소극대화 원칙을 통해 합리적인 선택을 하지만 개인의 합리성이 항상 사회적으로 합리적인 결과를 가져오지는 않는다. 이를 합리성의 역설이라고 하는데 상황 1, 3에서 찾아볼 수 있다. 먼저 상황 1에서 갑이 A를 선택한다면 최소 이익은 AB이고 B를 선택한다면 최소 이익은 BB이다. BB가 AB보다 이득이 더 크므로 갑은 B를 선택한다. 을의 경우 A의 최소이익은 BA, B의 최소이익은 BB이다. 최소 극대화 원칙을 따를 경우 을 역시 B를 선택하며 결과는 BB가 된다. 하지만 상황 1에서 BB보다 AA의 결과가 갑과 을 모두 이득이 더 높으므로 합리성의 역설에 해당되는 상황이다. 상황 3의 갑은 A의 최소이득인 AB보다 B의 최소 이득인 BB가 더 크므로 B를 선택한다. 이 같은 방법으로 을 역시 B를 선택하고 그 결과 BB가 된다. 그러나 사회적으로 합리적인 결과는 AA이고 상황 3은 상황 1보다 더 사회적 합리성이 떨어진다. 이와 반대로 상황 2에서 최소 극대화 원칙을 따른 경우 AA이다. 다른 선택은 갑과 을 중 어느 하나에게 AA보다 반드시 이익을 감소시킨다. 그러므로 사회적 합리성의 관점도 달성하는 결과를 가진다.

– '학생의 글'

*참고문헌

김기림, 『김기림 선집』, 깊은샘, 1988.

김준오, 『詩論』, 삼지원, 1999.

조창환, 『글쓰기의 전략과 실제』, 관동출판, 2006.

홍문표, 『현대시학』, 양문각, 1995.

유협(최동호 역), 『文心雕龍』, 민음사, 1994.

Aristoteles(천병희 역), 『詩學』, 문예출판사, 1995.

J. G. Frazer(김상일 역), 『황금의 가지』, 을유문화사, 1975.

N. Fryer(천병희 역), 『비평의 해부』, 한길사, 1995.

*자료(한글맞춤법, 표준어규정)

국립국어원 http://www.korean.go.kr